Para María con mucho cariño de Betty

Maravillas del Espíritu Santo

MENSAJE IMPORTANTÍSIMO

SAN PABLO

© P. Augusto García, SDB.
Carrera 6 No. 27-63 sur - Tel: 2787974
Santafé de Bogotá, D.C. - Colombia
Derechos cedidos por el autor a:
© SAN PABLO ECUADOR, 1994
Meneses 318-La Gasca-Sector 12 Miraflores
Quito - Ecuador
ISBN: 9978-000-6 (Obra completa)
ISBN: 9978-06-003-0

Distribución:
ECUADOR
Meneses 318-La Gasca-Sector 12 Miraflores
Fax: (0/2) 568816 - C.P. 17-03866
Quito - Ecuador

PANAMA:
Boulevard EL DORADO
Avenida 17B-Norte - Edificio Park View 1
Fax: 606107 - A.A. 6-7821
Panamá - República de Panamá

ESTADOS UNIDOS:
Alba House
2187 Victory Boulevard
Staten Island, New York N.Y. 10314
Fax: (718) 7610057
Estados Unidos

Impreso en Colombia
Printed in Colombia

CONTENIDO

UNA BELLA EXPERIENCIA DE JUAN PABLO II	7

MARAVILLAS DEL ESPIRITU SANTO

1. ¿Quién es el Espíritu Santo? ... 9
2. ¿Qué nombre le da la Santa Biblia al Espíritu Santo? ... 10
3. ¿Cuántas veces fue anunciada la llegada del Espíritu Santo? ... 10
4. ¿Antes de Pentecostés había venido el Espíritu Santo a algunas personas? ... 11
5. ¿Qué obras hace el Espíritu Santo en las personas? ... 12
6. ¿Cómo se conoce que el Espíritu Santo mora en una persona? ... 21
7. ¿Cómo narra la Santa Biblia la venida del Espíritu Santo? ... 24
8. ¿Cuáles son los tres prodigios que el Espíritu Santo obra en las personas? ... 26

9. ¿Cuáles son los siete dones que según el profeta Isaías, trae el Espíritu Santo a quien le es fiel? 33

10. ¿Qué condiciones se necesitaban para obtener los dones y gracias del Espíritu Santo? 43

11. Lo que han dicho los grandes personajes acerca del Espíritu Santo 49

MENSAJES DEL HIJO DE DIOS

12. Explicaciones de algunas frases de la Santa Biblia que hablan del Espíritu Santo 96

EL BAUTISMO EN EL ESPÍRITU SANTO **112**

UNA BELLA EXPERIENCIA DE JUAN PABLO II

En enero de 1980, Juan Pablo II hablando a un grupo de carismáticos, dijo: "Yo desde pequeño aprendí a rezarle al Espíritu Santo. Cuando tenía 11 años me entristecía porque se me dificultaban mucho las matemáticas. Mi padre me mostró en un librito el himno "VEN CREADOR ESPIRITU", y me dijo: "Rézalo y verás que El te ayuda a comprender". Llevo más de 40 años rezando este himno todos los días, y he sabido lo mucho que ayuda el Divino Espíritu".

ORACION AL ESPIRITU SANTO

(El Papa Juan Pablo II la reza cada día)

Ven creador Espíritu
de los tuyos la mente a visitar
a encender en tu amor los corazones,
que de la nada te gustó crear.

Tú que eres gran Consolador,
y Don Altísimo de Dios.
Fuente viva, y amor, y fuego ardiente,
y espiritual unción.

Tú, tan generoso en dádivas.
Tú, poder de la diestra paternal,
Tú, promesa magnífica del Padre
que el torpe labio vienes a soltar.

Con tu luz iluminas los sentidos,
los afectos inflama con tu amor,
con tu fuerza invencible fortifica
la corpórea flaqueza y corrupción.

Lejos expulsa al pérfido enemigo,
dános pronto tu paz,
siendo Tú nuestro guía,
toda culpa logremos evitar.

Dénos tu influjo conocer al Padre
dénos, también al Hijo conocer,
y en Ti, del uno y otro, Santo Espíritu,
para siempre creer.

A Dios Padre, alabanzas, honor y gloria,
con el Hijo, que un día resucitó,
y a Ti, abogado y consuelo del cristiano,
por los siglos se rinda admiración. Amén.

MARAVILLAS DE EL ESPIRITU SANTO

1. ¿QUIEN ES EL ESPIRITU SANTO?

El Espíritu Santo es una persona, es miembro de la Santísima Trinidad: El Padre, el Hijo y el Espíritu Santo: son tres personas distintas y un solo Dios verdadero. Jesús al despedirse de sus apóstoles les ordenó bautizar a la gente "en el nombre del Padre, y del Hijo y del Espíritu Santo" (dándole así igual importancia a las tres Personas).

El Espíritu Santo es una persona que está siempre presente en el alma del que cree, y del que ama a Dios.

2. ¿QUE NOMBRE LE DA LA SAGRADA BIBLIA AL ESPIRITU SANTO?

La Sagrada Biblia le da al Espíritu Santo los nombres de *"Abogado Consolador"* (en el idioma en que fue escrita la Sagrada Biblia se dice —Paráclito—). Esta palabra indica a uno que se coloca a nuestro lado para defendernos, para ser nuestro amigo, para darnos los consejos que necesitamos y animarnos en los momentos difíciles.

3. ¿CUANTAS VECES FUE ANUNCIADA LA LLEGADA DEL ESPIRITU SANTO?

La venida del Espíritu Santo fue anunciada tres veces en la Sagrada Biblia.

1°. Por Juan Bautista: "Después de mí, viene otro más fuerte que yo": El os bautizará en el Espíritu Santo y el fuego (M. 3,11).

2º. *Por Jesucristo en la Ultima Cena*: "El abogado, el Espíritu Santo, que el Padre enviará en mi nombre, ese os lo enseñará todo y os recordará todo lo que yo os he dicho" (Jn. 14,26).

3º. *Antes de la Ascensión*: Jesús anunció: "seréis bautizados con el Espíritu Santo dentro de pocos días". Recibiréis la fuerza del Espíritu Santo que vendrá sobre vosotros y seréis mis testigos (Hechos 1,5).

4. ¿ANTES DE PENTECOSTES HABIA VENIDO EL ESPIRITU SANTO A ALGUNAS PERSONAS?

Sí. La Sagrada Biblia cuenta que antes del famoso día de Pentecostés, vino el Espíritu Santo *al menos cinco veces a personas especiales*, así:

1º. El Angel Gabriel anunció que "*Juan Bautista* estaría lleno del Espíritu Santo, aún desde el vientre de su madre" (Lc. 1,15).

2º. *El Angel le dijo a la Virgen María*: "El Espíritu Santo vendrá sobre ti, y el poder del altísimo te cubrirá con su sombra, por eso el que ha de nacer será santo y será llamado Hijo de Dios" (Lc. 1,35).

3º. San Lucas dice que *"Isabel quedó llena del Espíritu Santo y exclamó bendita tú entre todas las mujeres".*

4º. De Zacarías, *padre del Bautista dice* el Evangelio: Quedó lleno del Espíritu y profetizó.

5º. La noche del domingo de resurección, cuando Jesús resucitado se apareció a sus discípulos, sopló sobre ellos y les dijo: *recibid el Espíritu Santo* (Juan 20,22).

5. ¿QUE OBRAS HACE EL ESPIRITU SANTO EN LAS PERSONAS?

1º. *Imparte luz*: Ilumina. El Espíritu Santo abre el entendimiento del discípulo.

Este es un papel esencial en el plan divino de la redención. Los que son del Señor necesitan luz para entender las verdades espirituales. La persona humana no tiene la capacidad del buen entendimiento espiritual sin la iluminación del Espíritu Santo.

El día de la Resurrección Jesús iba con dos hombres por el Camino de Emaús. Los dos no reconocieron a Jesús sino hasta que les "fueron abiertos los ojos" (Lucas 24,31). Y lograron entender la Palabra de Dios "cuando les abrió el entedimiento para que comprendieran las Escrituras" (Lucas 24,45). Esto mismo sigue haciendo hoy el Espíritu Santo: sigue abriendo e iluminando nuestro entendimiento para que comprendamos la Palabra del Señor.

2º. *Da valor para dar Testimonio*: Dijo Jesús: recibiréis el poder del Espíritu Santo que vendrá sobre vosotros, y seréis mis testigos hasta el extremo de la tierra. (Hechos 1,8).

San Pedro decía: los hombres santos que hablaron de parte de Dios, no hablaron por voluntad humana, sino inspirados por el Espíritu Santo (2º Pedro 1).

3º. *El Espíritu Santo convence del pecado y da ánimos para combatirlo*: Una de las obras más admirables del Espíritu Santo es el convencernos del pecado y darnos una gran fuerza para combatirlo y evitarlo.

El individuo puede ser informado, puede ser objeto de prédicas, y puede aceptar mentalmente; pero mientras que este conocimiento no se vuelva algo personal e interno a través de la obra del Espíritu Santo no habrá antipatía al pecado ni fuerza suficiente para cambiar la vida.

La obra del Espíritu Santo es preparar el corazón del hombre para que reciba la redención que le trajo Jesucristo. Y la primera preparación tiene que ser el arrepentimiento de los pecados. El Espíritu Santo llama la atención de las personas acerca de lo asqueroso, dañino y digno de repudio que es el pecado, sobre todo el pecado de incredulidad, de falta de amor y el egoísmo.

El Espíritu Santo no deja en paz el corazón del discípulo que peca. Le inspira la convicción de que es absolutamente necesario liberarse del pecado que lo separa de Dios. Así el Espíritu Santo va guiando al individuo hacia la madurez espiritual.

No es que el que recibe el Espíritu Santo ya no peque más. Pero sí buscará siempre estar en armonía con Dios, hacer la Voluntad de Dios. Y cuando, por debilidad, cae en el pecado, el Espíritu Santo lo ayuda a salir de ese pecado. Ya antes de caer le da fuerza para vencer la tentación. Pero si cae, lo anima luego a que busque prontamente la amistad con Dios. No lo dejará tranquilo en su pecado.

Lo temible no es una persona que peca, lo terrible es una persona que peca y sigue tan tranquila en su pecado. Judas robaba y siguió robando tan tranquilamente que llegó a vender al Señor por una monedas. En cambio Pedro lo negó tres veces, pero lloró tanto que llegó a tener dos canales en la cara de tanto llorar. El Espíritu Santo le hizo odiar su pecado.

4º. *Instruye en la verdad*: Como maestro y consejero en la vida espiritual el Espíritu Santo da instrucciones al corazón de quien está atento a su enseñanza.

El conocimiento o sabiduría que uno puede encontrar en libros o en clases o conferencias no se puede comprar con las maravillosas verdades que el Espíritu Santo lleva a la mente de quien le tiene fe.

En un mundo donde hay tantos profetas falsos que proponen como verdades lo que son meros engaños y falsedades ¿dónde podremos encontrar la verdad sin peligro de equivocaciones? Al leer la Sagrada Biblia, la persona instruida por el Espíritu Santo empieza a tener la capacidad de distinguir entre lo verdadero y lo falso. (Es lo que se llama olfato espiritual: saber distinguir entre lo que es verdad y lo que no lo es).

Es lo que hizo con los primeros Apóstoles: tomar la verdad del Padre celestial y pasarla a los discípulos (Juan 16). Cuando el Espíritu Santo vino a los apóstoles les hizo entender todas las verdades que Jesús les había enseñado.

5°. *Consuela*: Cuando los apóstoles estaban tan tristes por la desaparición del Redentor, el Espíritu Santo vino a consolarlos. Y esto hace con nosotros: hay momentos muy difíciles cuando el hombre piensa que no puede soportar más un dolor, una pena, una desgracia. Es entonces cuando llega a nuestro lado el "Consolador" y nos ayuda a comprender y aceptar el sufrimiento como parte del plan de Dios. Nos recuerda que "todo redunda en bien de los que aman a Dios", y que Dios puede sacar bien del mal (que no hay mal que por bien no venga como dice la gente).

Sin la obra del Consolador nosotros experimentamos una amargura tal en las penas, que no encontraríamos lenitivo ni remedio suficiente para aceptar nuestras amarguras. Su consuelo es suficiente para poder sobrellevar cualquier pena de la vida, por grande e inesperada que sea.

6°. *Revela secretos*: Del futuro. Cuando Jesús reveló a los discípulos las persecuciones que en el futuro iban a sufrir, ésto los preparó a seguir adelante a pesar de todas las dificultades que encontraban.

De la misma manera el Espíritu Santo ilumina a sus amigos *las grandes cosas que Dios tiene preparadas para los que lo aman*. Y esto anima a seguir trabajando por el bien aun cuando en el presente no se vean los resultados.

Al anciano Simeón el Espíritu Santo le había revelado que no moriría sin ver al Hijo de Dios (Lucas 2) y esto lo animaba a ir todos los días al templo hasta que logró su gran esperanza.

A muchas personas les recuerda de manera tan viva y atrayente la gloria que en la eternidad espera a los que aman a Dios y observan sus mandamientos, que este solo recuerdo les lleva a abandonar el pecado y dedicarse por completo a hacer obras buenas.

7°. *Nos llena de amor de Dios y del prójimo*: El Espíritu Santo (especialmente por medio de la lectura de la Sagrada Biblia) nos entusiasma de tal mal manera por Dios, que nos lleva a enamorarnos totalmente de El. Y nos recuerda frecuentemente que el prójimo representa a Cristo, y que todo lo que hacemos a los demás, aunque sea a los más humildes lo hacemos a Jesucristo (Mateo 2,5). Este pensamiento hace que amemos a los demás y los llenemos de favores, aunque no tengan cualidades que nos atraigan.

8º. *Nos pone en buenas relaciones con Dios:* Hay dos poderes en el interior de nosotros luchando por conquistar nuestra amistad.

Dios busca mantenernos en su amor, y Satanás lucha por ejercer dominio sobre nosotros.

El Espíritu Santo tiene como misión especial hacer que nosotros escojamos bien entre los dos señores que buscan nuestro querer, y que escojamos a Dios como nuestro Padre y a Cristo como nuestro hermano. Y rechacemos por completo todo lo que signifique esclavitud a Satanás, al pecado y al vicio.

Cuando un individuo acepta a Dios como a Padre, y a Cristo como a hermano y jefe indispensable, empieza a gozar de una serie de privilegios. Primero que todo, llega a ser hijo de Dios. Como es hijo, se convierte en heredero de todo lo que Dios tiene. Y como permanece unido a su Dios como rama al árbol, tiene derecho a que se cumpla lo que prometió Jesús —pedid lo que quisiéreis y se os dará. Ya no es esclavo sino Hijo de Dios (Juan 16).

9º. *Reparte dones*: La Sagrada Biblia trae la lista de los dones que reparte el Espíritu Santo. Estos no son producto de la iniciativa o merecimiento del hombre sino, dones inmerecidos, dados por el amor de Dios al hombre. Son dados con el propósito de que hagan provecho a todos.

Cuando el creyente recibe un don del Espíritu Santo tiene la responsabilidad de usarlo bien. Lo mejor es olvidarse de sí mismo y poner los dones al servicio de los demás.

He aquí una de las listas de dones o regalos del Espíritu Santo según la Sagrada Biblia.

"Hay diversidad de dones pero uno mismo es el Espíritu Santo que los regala. A cada uno se le otorga la manifestación del Espíritu para común utilidad: a unos les es dada por el Espíritu la capacidad de hablar con sabiduría, a otros la capacidad de hablar con ciencia, a otros una gran fe, a otros el don de curar por el mismo Espíritu; a otros el de saber distinguir entre los espíritus verdaderos y los espíritus falsos y a otros el poder hacer milagros y a otros el don de profetizar mensajes divinos; a unos el don de hablar en diferentes lenguas... todas estas cosas las obra el único y mismo Espíritu que distribuye a cada uno según quiere" (I Corintios 12).

6. ¿COMO SE CONOCE QUE EL ESPIRITU SANTO MORA EN UNA PERSONA?

Hay tres características que demuestran que el Espíritu Santo mora en una persona.

1ª. *La señal más sobresaliente de que el Espíritu Santo vive en una persona es que ama mucho a Dios y al prójimo.*

Dice la Sagrada Biblia: —Dios ha llenado nuestro corazón con su amor, por medio del Espíritu Santo que nos ha dado (Romanos 5,5). Y añade:

El que ama es de Dios. El que no ama no es de Dios.

—Dios es amor y el que vive en el amor vive en Dios y Dios vive en él (1ª Carta de San Juan 1,16).

El que tiene al Espíritu Santo en su alma imita á Jesús que ama a su Padre Celestial sobre todas las cosas, y nos ama a nosotros como se ama así mismo.

2ª. *Señal son ciertos frutos que se manifiestan en su personalidad.*

Dice el Libro Santo: "Los frutos del Espíritu Santo son: amor, gozo, paz, paciencia, benignidad, bondad, fe, mansedumbre, templanza (Gálatas 5). En la vida de la persona que está poseída por el Espíritu Santo se notan pronto todas estas cualidades.

3ª. *Cualidad es un cambio total de vida: una conversión.*

El individuo que posee al Espíritu Santo es persona totalmente cambiada, transformada.

Se conoce que su vida tiene un rumbo: Dios, la eternidad. En sus palabras y en su modo de ser se traduce que su meta es algo superior a los deseos materiales, que sus deseos y anhelos no son poseer riquezas, honores o placeres, sino ser amigo de Dios, y hacer el bien a los demás. Las cosas materiales y pasajeras que antes de convertirse le atraían tanto, ahora ya no le interesan ni la mitad de lo que le interesaban antes, pero lo eterno lo espiritual, sí le emociona y le agrada. Es persona revitalizada. Se deleita en llevar a cabo sus tareas diarias, aunque sean rutinarias y cansonas, porque sabe que ellas son el camino para llegar a la posesión de las realidades eternas. Su amor a Dios y al prójimo y su dinamismo que le hace trabajar y desgastarse por su religión y sus hermanos se transmite a otros, y contagia de fervor y entusiasmo a los que lo rodean. Así por su medio otros encuentran verdadero significado a sus vidas.

El Espíritu Santo es pues una persona muy activa en la vida del creyente. El puede hacer más significativa y provechosa la vida de usted llenándola de goces que ni se había imaginado, si usted lo llama en su ayuda, si cree en su poder, si oye sus mensajes en la Sagrada Biblia, y si con su vida no apegada al pecado y llena de buenas obras trata de tenerlo siempre de amigo. Quiera Dios que así sea.

7. ¿COMO NARRA LA SAGRADA BIBLIA LA VENIDA DEL ESPIRITU SANTO?

En el Libro de los Hechos de los Apóstoles, capítulo segundo, la Sagrada Biblia narra así la venida del Espíritu Santo.

2 (1) Cuando llegó el día de Pentecostés, estaban todos reunidos en el mismo sitio (2) y de repente vino del cielo un gran ruido semejante a un viento fuerte, que llenó toda la casa donde se encontraban. (3) Y vieron aparecer lenguas como de fuego, que se dividían y se posaban sobre cada uno de ellos.

(4) Todos fueron colmados del Espíritu Santo y comenzaron a hablar en otros idiomas, según el Espíritu Santo les concedía expresarse. (5) Había entonces en Jerusalén israelitas piadosos, procedentes de todos los pueblos de la tierra. (6) Al oír aquel ruido, se congregó la multitud y quedó asombrada, pues cada uno les oía hablar en su propio idioma.

(7) Atónitos y maravillados, se preguntaban:

—Pero, ¿no son galileos todos estos que están hablando? ¿Cómo pues, cada uno de nosotros los oímos hablar en nuestra lengua nativa?

(12) Estaban, pues, todos atónitos y perplejos, y se decían unos a otros:

—¿Qué podrá ser todo esto?

(13) Pero otros se burlaban diciendo:

—Han bebido demasiado vino.

(14) Entonces Pedro, se puso de pies con los Once y habló en voz alta:

—Hombres de Judea y habitantes todos de Jerusalén, comprended bien esto: prestad atención a mis palabras. (15) Estos hombres no están embriagados como suponéis, pues apenas son las nueve de la mañana. (16) Esto es lo que anunció el profeta Joel:

(17) En los últimos tiempos, dice Dios. Derramaré mi Espíritu en los hombres, profetizarán vuestros hijos e hijas.

8. ¿CUALES SON LOS TRES PRODIGIOS QUE EL ESPIRITU SANTO OBRA EN LAS PERSONAS?

El Papa San Gregorio, en nombre de la Iglesia Católica, enseña que el Espíritu Santo obra en las almas de sus devotos tres grandes prodigios:

1º En el entendimiento
2º En el corazón y
3º En la voluntad así:

1º. *Llega al cerebro y lo convierte en luz:* O sea, ilumina el entendimiento, nos llena de inteligencia para comprender las cosas espirituales. Los Apóstoles eran gente ignorante, y cuando recibieron el Espíritu Santo se volvieron tan instruidos que la gente se admiraba de oírlos hablar. Les pasaba como al que está en un templo oscuro: no aprecia sus obras de arte, pero si viene alguien y enciende la luz ve, todas las maravillas que hay allí. Ellos no apreciaban el valor de lo que Jesús enseñaba, pero cuando vino el Espíritu Santo, apreciaron los tesoros que había en las enseñanzas del Señor.

PARA TODO EL QUE OBRE MAL
TRISTEZA Y ANGUSTIA VENDRA
(S. Biblia Rom. 2,9)

PARA LOS QUE HACEN EL BIEN
HABRA GLORIA, HONOR Y PAZ
(S. Biblia Rom. 2,10)

GRAVE TRAGEDIA
Murió sin saber la noticia que lo iba a salvar
No leyó la S. BIBLIA, porque
ERA... o ESTABA...

demasiado joven
y no le gustaba leer

no leía porque era
demasiado tranquilo

estaba
demasiado confiado
y no leía la Biblia

por estar
demasiado feliz
no leía el Libro Santo

porque se creía
demasiado ocupado
no leía la Biblia

por vivir
demasiado receloso
no leía nada

se creía ya
demasiado viejo
para leer la Biblia

eternidad
ya es
demasiado tarde
para leerla

Aquí yace un católico
que murio sin leer el Libro
que lo iba a salvar
¡La S. BIBLIA!

El que anima a todos los evangelizadore
y los asiste para que comuniquen
la verdad total sin errores y sin limitaciones
es el Espíritu Santo.

(Puebla 202)

Tenemos un criterio tan pequeño... y necesitamos una luz del cielo que nos ilumine para conocer lo que conviene y lo que debemos hacer.

Miles de personas se quedan admiradas de las ideas preciosas que el Espíritu Santo les regala. Y cada día habrá miles y miles de inteligencias iluminadas con luces maravillosas de este santo Espíritu, que no se cansa jamás de ilustrar la inteligencia de los que lo invocan.

2º. *Llega al corazón y lo llena de amor verdadero*: Los apóstoles eran duros de corazón. Pedro orgulloso. Santiago y Juan buscaban los primeros puestos y pedían fuego del cielo para los que no los trataban bien... etc., pero después de recibir al Espíritu Santo ya no piensan en su propio egoísmo sino en hacer el bien a los demás.

La característica de los que son asistidos por el Espíritu Santo es un gran amor de Dios y de su prójimo, en su corazón (como la característica de los que no poseen el Santo Espíritu es un egoísmo duro y áspero que no les deja pensar en conseguir gloria para su Dios ni en hacerles bien a los demás).

3°. *Llega a la voluntad y la vuelve muy fuerte*: Los Apóstoles eran cobardes: todos huyeron la noche del Jueves Santo, y uno lo negó tres veces. Pero después de recibir el Espíritu Santo en Pentecostés, ya no tienen miedo a ninguna persecución, y cuando los llevan ante el Senado para azotarlos van muy contentos por tener el honor de sufrir por el nombre de Jesús.

Este caso se repite tantas veces. En las persecuciones se ha visto el caso de jovencitos que huían ante la presencia de cualquier pequeño animal, y una vez recibido el Espíritu Santo en el Sacramento de la Confirmación, ya no tienen miedo ni a las fieras ni a los más atroces martirios.

Cuántos cristianos experimentan hoy día este admirable favor. Antes no eran capaces de resistir a una tentación, ni podían abandonar un vicio o soportar sin quejarse una pena o un fracaso. E hicieron la experiencia de llamar en su apoyo al Espíritu Santo y su victoria no se hizo esperar: ahora miran su nueva vida y exclaman: ¡qué grandes victorias obtiene el que cree en el poder de Dios!

No habrá época de la vida sin combate, pero si el Espíritu Santo está con nosotros, nada podrá hacernos echar pie atrás en la lucha por conservarnos amigos de Dios y buenos para con todos, sufriéndolo todo con paciencia pero tratando de no hacer sufrir a los demás.

9. ¿CUALES SON LOS SIETE DONES QUE SEGUN EL PROFETA ISAIAS, TRAE EL ESPIRITU DE DIOS A QUIEN LE ES FIEL?

El profeta Isaías anunció que el Espíritu Santo de *Dios traerá* a quien le es fiel, siete preciosos *regalos o dones* (Isaías 11,2).

1°. *Don de sabiduría*: o sea un gasto especial por todo lo que es espiritual, por todo lo que se refiere a Dios o al bien de las almas.

Este don que nos fue regalado desde el día del bautismo y se va aumentando si lo pedimos rezando, nos hace *saborear* con simpatía las verdades divinas. Nos hace apreciar los atributos divinos por ej.: que Dios es Creador, Redentor, Santificador, etc.

No es un sentimentalismo sino una convicción.

Nos hace llamar desgracia al pecado, al no cumplir con el deber, a la infidelidad a Dios, y no a otras cosas.

Da una experiencia sabrosa de lo sobrenatural. Quita los motivos humanos al obrar. Hace que ya no obremos por ser admirados o porque nos agradezcan o estimen, sino solamente para que Dios quede contento.

Jerarquiza las aficiones: ya no le da el primer puesto a las aficiones terrenas ni a los gustos del cuerpo sino a lo sobrenatural, a las cualidades del alma.

Esta sabiduría es aquella de la cual dice la Sagrada Biblia: La Sabiduría vale más que todos los objetos preciosos y nada hay que se le pueda comparar (Proverbios 8,11).

El don de sabiduría hace que sea muy agradable rezar. Hace que la persona goce en la oración, y encuentre verdadero gusto en la lectura de buenos libros especialmente en la Sagrada Biblia.

Da disgusto por todo lo que sea pecado y egoísmo. Quita la simpatía por lo prohibido por Dios y da una gran antipatía por lo pecaminoso. Por este don los santos preferían mil veces la muerte que cometer un pecado.

Por este don los santos tenían simpatía por Dios, por hacer obras buenas, por humillarse y sacrificarse. Después de saborear con este don lo que es divino y sobrenatural, ya todo lo que es pecado y egoísmo material causa disgusto y asco.

2º. *Don de fortaleza*: Es una fuerza especial para realizar lo que Dios quiere de nosotros y para resistir con paciencia y valor las contrariedades de la vida. Seréis revestidos de la fuerza de lo alto —prometió Jesús— (Lucas 24). La gente se admira del valor de los mártires, de la paciencia de tantas personas santas, de la constancia de tantos héroes católicos, porque se imaginan que esas fuerzas las sacan de ellos mismos, cuando en realidad toda su fortaleza la reciben del Espíritu Santo.

¿Quién hubiera creído que el cobarde Pedro que negó tres veces a Jesús lo iba después a predicar delante de los tribunales, y en las plazas hasta dar su vida por El? Es que recibió el don de fortaleza.

La vida es a ratos tan dura que sin el don de fortaleza no seríamos capaces de aguantarla sin desesperación.

Cuántos respetos humanos ayuda a vencer el don de fortaleza.

Y cuántos actos de generosidad inspira.

Hay tentaciones tan violentas e inesperadas que si no fuera por una intervención del Espíritu Santo con su don de fortaleza, no podríamos resistir.

Este don hizo que el joven Domingo Savio antes de cumplir los 15 años ya practicara las virtudes en grado heroico y practicara su lema valeroso: antes morir que pecar.

Para los enfermos, para los pobres, para los que sufren tentaciones fuertes y para quienes tienen que hacer oficios difíciles es utilísimo este don para que no se desanimen, y cumplan bien su oficio aunque cueste mucho.

Cuántas personas se desanimaron y fracasaron porque no pidieron este don del Espíritu Santo, y las dificultades de la vida los vencieron.

3º. *Don de consejo*: Hace que al momento de escoger, escojamos lo que más nos conviene: inspira lo que se debe hacer y cómo se debe hacer, y lo que se debe decir y cómo se debe decir. Lo que se debe evitar, y lo que se debe callar.

Inspira remedios para no pecar: por ej. rezar, hacer sacrificios, estar ocupado, leer, etc.

Nos llena de inspiraciones. A veces por medio de una buena lectura el don de consejo nos ilumina qué es lo que Dios está esperando de nosotros.

Es lo que admiraba de ciertos santos por ejemplo la mamá de San Juan Bosco, que no habiendo hecho estudios de ninguna clase daban unos consejos que ni siquiera un doctor era capaz de darlos. El Santo cura de Ars era el menos inteligente de los de su curso y sus consejos hacían mayor bien que los sermones de los más doctos predicadores porque había obtenido del Espíritu Santo el don de consejo. Con este don se cumple lo que Jesús prometió a sus discípulos: el Espíritu Santo os enseñará todo (Juan 16).

Las personas que reciben este don tienen la rara cualidad de encontrar soluciones rápidas para casos urgentes, y guiar a otros para que eviten lo que no les conviene.

Mucha gente de fe pide al Espíritu Santo este don, aún para cosas materiales por ej. si les conviene o no hacer un negocio. Y para cosas de gran importancia por ej. qué profesión escoger; qué persona será la que le conviene en matrimonio, etc., etc., y el Divino Espíritu viene en su ayuda con iluminaciones que les hacen gran bien.

Oh Espíritu Santo: Amor del Padre y del Hijo; inspíranos siempre lo que debemos hacer y lo que debemos evitar. Lo que debemos decir y lo que debemos pensar, para procurar tu gloria y el bien de las almas Amén.

4º. *El don de piedad*: Es una especie de afecto filial hacia Dios. Es lo que nos hace sentir un cariño especial por todo lo que tenga relación al culto, a la Palabra de Dios, a los sacramentos, etc.

Las personas que reciben este don sienten un aprecio especial por todo lo que sea oración y meditación.

Tienen hacia Dios un cariño como hacia un Padre amorosísimo, y todo lo que sea por su Reino les llama la atención y lo hacen con gusto.

Este don fue el que concedió a San Francisco Javier, a San Pablo, a San Francisco de Asís y de Sales, etc., tan gran deseo de hacer conocer a Dios por muchas gentes y hacerlo amar por el mayor número posible de personas.

A quien tiene el don de piedad ningún sacrificio les parece demasiado con tal de obtener que otras personas conozcan y amen a Dios.

5°. *El don de entendimiento*: Es una facilidad para comprender lo que Dios nos dice por medio de su Palabra en la Sagrada Biblia o por otros medios.

Podemos pasar años leyendo un pasaje de la Sagrada Biblia y no entederlo. Pero viene el Espíritu Santo con su don y en un momento comprendemos lo que antes nunca habíamos entendido.

Eso les pasó a los apóstoles después de la Resurrección de Jesús: el Espíritu Santo les hizo entender todo lo que Jesús les había enseñado y que antes no comprendían.

Por medio de este don logró San Agustín descubrir tantas maravillosas enseñanzas en la Sagrada Biblia (que antes no había descubierto aunque leía y leía). Por este don a San Antonio se le hacían cortas las noches que pasaba leyendo la Sagrada Biblia, porque descubría allí bellezas no imaginadas.

6º. *Don de ciencia*: Es una facilidad para distinguir entre lo verdadero y lo falso. Muchas personas creen como verdadero lo que es falso y en cambio no aceptan lo que es verdad. Solo cuando el Espíritu Santo les dé el don de ciencia sabrán distinguir bien la verdad de la mentira y quedarse solo con la verdad. Esto es importante porque en la actualidad hay gente que enseña muchas falsedades y muchas personas les creen y se dejan engañar.

Este don hace ver el verdadero valor de las riquezas y de los honores, que se acaban tan fácilmente. Este don ha llenado de religiosos los conventos porque los convence de que lo que más vale no es lo material sino lo espiritual.

7º. *Don de temor de Dios*: Es un temor cariñoso que nos inspira miedo a ofender a Dios, por ser El un Padre tan generoso y lleno de bondad hacia nosotros, y también porque sabemos que Dios no dejará ni un solo pecado sin castigo (esta verdad la repite siete veces la Sagrada Biblia).

Es una repugnancia por alejarse de Dios, es un temor a disgustar al Ser que más amamos. Es un horror a contrariar a nuestro Dios.

Todo menos que apartarnos de nuestro Dios. Es pues un temor que nace del amor.

Este don era el que hacía estallar en lágrimas a los santos cuando cometían alguna falta. Este don fue el que hizo que el rey David odiara tanto la falta que había cometido. Este fue el don que obtuvo que Magdalena se apartara para siempre del pecado.

San Juan Bosco, por este don, le tenía tal miedo al pecado que a veces con sólo oír nombrar ciertos pecados sentía náuseas y casi vomitaba.

10. ¿QUE CONDICIONES SE NECESITABAN PARA OBTENER LOS DONES Y GRACIAS DEL ESPIRITU SANTO?

La Iglesia Católica en 20 siglos de experiencia ha descubierto unos medios muy eficaces para obtener la asistencia del Espíritu Santo en todos los momentos importantes de la vida y son:

a) *La oración:*

Jesús dijo: el Padre Celestial dará el Espíritu Santo a quienes se lo pidan (S. Lucas 15,13).

Millones de personas en todos los tiempos han experimentado el prodigioso valor de la oración cuando necesitan una iluminación de lo alto o una fuerza para su voluntad, o una buena dosis de amor espiritual para su corazón desanimado, etc.

Aquí se cumple la promesa del Señor:

"Todo el que pide recibe".

b) *Lectura de la Sagrada Biblia*:

Muchísimas veces el Espíritu Santo habla al alma por medio de la Sagrada Biblia. Esta ha sido el medio ordinario que ha usado por siglos y siglos. Es casi imposible leer una página de la Sagrada Biblia con fe y atención, y no recibir en el alma un importante mensaje del Espíritu Divino.

Por eso que el rato más benéfico del día, después del que se dedica a la oración, es el que dedicamos con paz y humildad a leer una página del Libro Sagrado. Dejar un día sin leer algo de la Sagrada Biblia es dejar pasar esas 24 horas sin sintonizar lo que el Espíritu Santo nos quiere comunicar.

c) *Evitar el pecado y tratar de vivir en gracia de Dios:*

San Pablo decía: no contristéis al Espíritu Santo. ¿No sabéis que sois templos del Espíritu

Santo? ¿Vais a profanar con el pecado el Templo del Gran Dios?

Cada vez que cometemos un pecado mortal echamos el Espíritu Divino de nuestra alma. ¿Y cómo pretendemos que El obre maravillas en nosotros si le negamos hospedaje en nuestra alma?

Por eso el más grande enemigo de los dones del Espíritu Santo es el pecado mortal aceptado y no odiado.

Hay pecados inesperados, por sorpresa, por momentos de especial debilidad pero que luego se lloran, se odian, se confiesan, y se hace el propósito serio de no cometerlos más.

Estos no impiden por largo tiempo la intervención del Espíritu Santo. Pero esos pecados aceptados tranquilamente, que el alma quiere excusar, que no se odian, y cuya ocasión de cometerlos no se evita, esos sí ponen un obstáculo casi irremediable para que el Santo Espíritu de Dios pueda llegar al alma y santificarla.

d) *Agradecerle sus beneficios*:

Muchos piensan demasiado en la obra del hombre y muy poco en la obra de Dios. Por ejemplo: reconocer los éxitos que nosotros u otras personas hemos obtenido en virtud, en apostolado, en promover obras en favor de los demás, en evitar pecados y vicios, etc., etc., es algo muy justo. Pero olvidar que es el Espíritu Santo quien nos ha concedido el poder hacer buenas obras; que es el Espíritu Santo quien nos ha inspirado y aconsejado lo bueno que debíamos hacer y quien nos ha hecho posible los éxitos que hemos obtenido: eso sí es ingratitud. Porque ni nosotros ni nadie somos virtuosos o tenemos éxito por nuestro esfuerzo. Lo que obtiene exitos es la bendición de Dios.

e) *Tener una gran devoción a la Virgen María*:

San Luis Montfort enseñaba (y con él muchos santos) que el gran secreto para que el Espíritu Santo venga a un alma es tener una verdadera devoción a la Santísima Virgen.

Cuenta el Evangelio que apenas María visitó a Isabel, ésta se sintió llena del Espíritu Santo. Y es que María era en verdad un Templo donde moraba el Santo Espíritu de Dios.

Por obra del Espíritu Santo concibió la Santísima Virgen al Redentor del mundo y estando ella reunida con los Apóstoles el día de Pentecostés, descendió el Espíritu Santo en forma de lenguas de fuego sobre su cabeza para traer todos los tesoros de sabiduría, fortaleza y amor de Dios.

El Concilio Vaticano II le dio a la Santísima Virgen el bello nombre de SAGRARIO DEL ESPIRITU SANTO. Sagrario es lo que guarda algo precioso para repartirlo a los fieles. La Virgen guarda al Espíritu Santo en su alma para repartirlo a sus devotos.

La historia cuenta cómo todos los grandes santos que eran devotísimos de la Madre de Dios, estaban también plenos de los dones del Espíritu Santo.

Y nosotros experimentaremos también esto mismo: una vez que seamos verdaderos devotos de la Virgen María, sentiremos llenarse nuestra alma de las luces y gracias del Divino Espíritu. Amén.

EL HIMNO MAS ANTIGUO AL ESPIRITU SANTO
(De la Misa de Pentecostés)

Ven, Espíritu Divino,
manda tu luz desde el cielo.
Padre amoroso del pobre,
don, en tus dones espléndido;
luz que iluminas las almas;
fuente del mayor consuelo.

Ven, dulce huésped del alma,
descanso en nuestros esfuerzos,
tregua en el duro trabajo,
brisa en las horas de fuego,
gozo que enjuga las lágrimas,
y reconforta en los duelos.

Llega hasta el fondo del alma
Divina Luz, y enriquécenos.
Mira el vacío del alma

si Tú le faltas por dentro.
Mira el poder del pecado
cuando no envías tu aliento.

Riega la tierra en sequía
Sana el corazón enfermo
Lava las manchas. Infunde
calor de vida en mi hielo.
Doma al Espíritu indómito,
Guía al que tuerce el sendero.

Reparte tus siete dones
según la fe de tus siervos.
Por tu bondad y tu gracia
dale al esfuerzo su éxito
Salva al que busca salvarse
y danos tu gozo eterno. Amén.

4. Maravillas de el Espíritu Santo

11. LO QUE HAN DICHO LOS GRANDES PERSONAJES ACERCA DEL ESPÍRITU SANTO

1°. *El artífice número uno*: De una cosa es necesario convencernos: que *la parte principal en la obra de nuestra santificación la hace el Espíritu Santo*. Luchó Santa Teresa por mucho tiempo contra una aflicción dañosa sin lograr alejarla. Le envió el Espíritu Santo una lucecita suya, vio ella entonces muy claramente lo perjudicial que era su afición, y ésta se disipó (Hamon).

2°. *Bastó una lucecita*: Pensaba y pensaba Santa Teresa por días y días, *por qué Dios ama tanto la humildad* y prefiere de manera tan especial esta virtud. Y no lograba saber el porqué. Pero un día el Espíritu Santo, ante su insistencia en la oración, le envió una luz, y comprendió que es: "porque Dios es la verdad y la humildad es la verdad, y el orgullo que es lo contrario a la humildad, es mentira, y por tanto disgusta a Dios" (Marmion).

3°. Aveces el Espíritu Santo hace con una lucecita suya lo que nosotros no habíamos logrado con diez años de lucha.

(Santa Teresa)

4º. *El secreto de Santa Teresita:* ¿Por qué Santa Teresita del Niño Jesús, cuando estalla una tormenta siente una gran alegría, y mientras las demás monjitas se refugian temerosas en el convento, ella sale al balcón a contemplar la tempestad, pues aquellos rayos y espantosos truenos le recuerdan que Dios, su Padre, es poderosísimo? Porque el Espíritu Santo le ha dado el don de Piedad (P. Philipon).

5º. *Campeones en santidad*: ¿De dónde sacaron los tres niños de Fátima esos deseos de sacrificio que los hacía rezar de rodillas con la frente apoyada en el suelo hasta caer desmayados? De un impulso que les daba el Espíritu Santo. ¿De dónde sacaba San Luis Gonzaga ese amor a la Pureza, Santo Domingo Savio ese deseo insaciable de santidad y San Francisco Javier su sed de salvar almas? No de otra parte sino de una luz interior que les enviaba el Divino Espíritu (Thirieth).

6º. *Lo importante para San Pablo*: Lo primero que San Pablo pregunta a los de Efeso es ¿*"Habéis recibido el Espíritu Santo"*? *Le parecía esto tan supremamente importante.* Desafortunadamente ellos, como muchas personas de ahora, tuvieron que responderle: "Ni siquiera sabíamos que había Espíritu Santo" (Holzner).

7°. *Un mandato para predicadores y catequistas*: *El Papa León XIII decía*: "los cristianos, aunque a veces invocan al Espíritu Santo, tienen un conocimiento muy pobre de El.

Por eso los predicadores y catequistas deben hablar más frecuentemente acerca del Divino Espíritu, con palabras sencillas, pero tratando de entusiasmar a los fieles por esta gran devoción".

8°. *Para los que desean comprender la Sagrada Escritura*: ¿Lees una página de la Sagrada Escritura, y de *pronto una luz te hace comprender aquello que allí se dice*, y sacar de ahí principios de vida y conversión? ¿*De dónde proviene eso*? *¿De tu inteligencia?* No. *Es el don de entendimiento* que el Espíritu Santo te regala.

El lo regala a quien le place (1 Cor. 11,10). Lo dio en gran manera a los que llamamos

"Doctores" de la Iglesia, pero también nosotros lo podemos recibir si lo pedimos con fe, humildad y constancia.

Cuando nosotros le hacemos a Dios esta petición: "Señor, ¿qué quieres que haga? El Espíritu Santo nos responde con el Don de Consejo que nos libra de obrar con precipitación o con presunción. Cuando consultamos a Dios en la oración. El Divino Espíritu nos guía para que se cumpla en nuestra vida lo que Jesús afirmaba de sí mismo: "Hago siempre lo que agrada a mi Padre". En eso consiste la verdadera prudencia (Marmion).

9º. *¿Por qué algunas personas tienen tan nobles sentimientos?* Algunas personas sienten un gran gusto por dedicarse a toda ocupación que se refiere directamente a Dios. *En vez de un Señor temible ven en Dios a un Padre Amable*. Sienten en el corazón un deseo inmenso de agradarle. Todo les parece poco con tal de tener contento a Dios. Las propias faltas les causan desagrado y tristeza pero nunca les traen desesperación, sino que les llevan a pedir perdón al Señor con confianza, seguras de que se aplacará con nuestra buena voluntad, con nuestras oraciones y obras de caridad, y sobre todo con la intercesión de su Hijo a favor nuestro. Ante cualquier acontecimiento grave dicen: es mi Padre que lo permite.

Acepto su Santa Voluntad. Aman a todos los que Dios ama: a María, a los santos, a las almas del purgatorio, a los sacerdotes, a los pecadores que necesitan conversión. Ven en los demás los reflejos de la bondad de Dios y por eso los aprecian y veneran. *Tienen un total abandono en brazos de Dios: saben que siendo Dios nuestro Padre es imposible que nos suceda algo definitivamente malo.* Sienten un deseo incontenible de abandonarse en los brazos de la Divina Providencia del Padre Celestial, porque aprendieron que *es más excelente rendir culto a Dios como a Padre que como Dueño. ¿Y de dónde les vienen tan grandes cualidades?* Es que recibieron del Espíritu Santo el Don de Piedad (Isabel de la Santísima Trinidad).

10. *Un don que emociona:* Con qué fuerza viven los santos la convicción de que son hijos

de Dios y de que El los cuida con amor de Padre. Con qué gran cariño aman los santos a los demás como hermanos. ¿A qué se debe todo ello? A que han recibido el Don de Piedad, que el Espíritu Santo reparte a manos llenas a todos los que se lo piden con fe. Este Don era el que hacía que Santa Teresa llorara de emoción al rezar el Padrenuestro, y que San Francisco se quedara extasiado mirando al cielo y exclamando: "El Amor no es amado, el Amor no es amado". Oh Espíritu Santo: dános también el Don de Piedad que nos lleve a amar a Nuestro Dios como al mejor de los padres, y a los prójimos como a verdaderos hermanos (Carmagnola).

11. *Haga la prueba*: Crea usted en el poder del Espíritu Santo y verá resultados maravillosos en la conversión de las almas. Si el orgullo le dice que las conversiones las obra usted u otra persona con sus palabras o discursos, esa es la más pavorosa mentira. Pero si usted cree que el Espíritu Santo sí es capaz de convertir a los pecadores, y si quiere hacerles ese inmenso bien, dedíquese a trabajar por ellos, y verá resultados

maravillosos. No le pedimos que nos crea. Solo le pedimos que haga la prueba (Wilkerson).

12º. *La experiencia de un gran doctor*: San Cirilo narra una gran experiencia: "en mi larga vida de magisterio he llegado a constatar *esta importante verdad*: que es imposible sufrir valientemente por Cristo sin recibir la ayuda del Espíritu Santo Consolador. Si resulta cierto lo que afirmaba San Pablo que 'Ninguno puede decir que Cristo es el Señor, sin la ayuda del Espíritu Santo' (1 Cor. 12,3), también lo es, y mucho más, que nadie es capaz de sufrir dignamente por amor de Cristo, sin la ayuda del Divino Espíritu. *Admirable la grandeza Omnipotente del Espíritu Santo que va repartiendo valor a millones de seres humanos en toda la tierra* para sufrir con amor y valor todas las contrariedades que se les presentan, ofreciéndolo todo con generosidad a Cristo Señor".

13. *Un párrafo famoso: Hay una frase famosa del Papa San Gregorio:* "Prodigioso el poder del Espíritu Santo: El hace de un pastor un profeta; (David) de un buscador de asnos un

líder; (Saúl) de un jovencito, un juez de ancianos (Daniel), de un pescador un predicador y jefe de la Iglesia, de un publicano un evangelista, y de un perseguidor, el más grande apóstol de los gentiles. *Oh: qué gran artista es el Espíritu Santo".*

14. *Lo que decía un gran orador*: San Juan Crisóstomo, el más célebre predicador de la antigüedad, tiene *este bello párrafo* acerca del Divino Paráclito: *"Muchos dones nos ha enviado Jesucristo desde el cielo, pero ninguno semejante al que nos envió el día de Pentecostés.* Y lo más consolador es que *este don sigue siendo enviado cada día a la tierra.* Nosotros enviamos al cielo nuestra oración y nuestra fe, y Jesucristo nos responde enviándonos al Espíritu Santo y sus dones. Cuando me llega el miedo a condenarme, por mis muchos pecados, me consuelo pensando: "espero que sí me salvaré, porque, *si Dios no hubiera decidido salvarme no me habría enviado al Espíritu Santo".*

Y repito con el apóstol: la salvación no la voy a obrar yo, sino la gracia de Dios que obra en mí. ¿Quién fue el que le dio eficacia a la predicación de los apóstoles? ¿Quién les concedió a los primeros cristianos la admirable caridad que tenían para con todos? ¿Quién fue el que obró la conversión del mundo? Fue el Espíritu Santo. Y El obrará también mi santificación, si no me opongo a sus *planes de salvación*".

15. *Lo que decía* SAN AGUSTÍN: San Agustín, es el escritor más estimado que ha producido la Iglesia Católica. El dice en uno de sus sermones: "el Espíritu Santo es para la Iglesia y para el cristiano como el alma para el cuerpo. ¿De qué le sirve a uno tener cuerpo si no tiene alma? Será solo un cadáver. Así el cristiano: si no tiene Espíritu Santo, tiene nombre de vivo pero está muerto". Un cristiano es: cuerpo, alma y Espíritu Santo.

16. *Si él no lo hace: nadie lo logra:* SAN GREGORIO, Papa, escribió los libros más leídos en la Edad Media. El afirma lo siguiente: "predicador, catequista: si el Espíritu Santo no llena de fervor los corazones de los que te escuchan, es inútil que prediques y catequices. La sola palabra humana no convierte a nadie. Por eso tienes que

llamar en tu ayuda al Divino Paráclito siempre que te dediques a hablar de religión, y tú, cristiano: recuerda con qué cuidados purificas y arreglas tu casa cuando va a venir un gran personaje. Y ya que recibes el Espíritu Santo, ¿por qué no purificas mejor tu alma? ¿Por qué no la adornas mejor con virtudes? ¿Crees que a Él le satisface morar en una habitación llena de basuras y sin arte alguno? "Vendremos a Él, y haremos en él nuestra morada", es una frase que se ha dicho para ti. Pero no logrará tener morada permanente en tu alma si apenas llega la tentación vuelves a caer, y si te deleitas más en lo material que en lo espiritual".

17. *Secreto de un sabio*: *Te doy un secreto para progresar en santidad*: haz cada día un ratito de silencio y deja al Espíritu Santo que te hable. Verás qué grandes serán tus progresos espirituales. (Cardenal Mercier).

18. *Regalos que se pierden por no agradecerlos*: Es necesario agradecer frecuentemente al Espíritu Santo los dones que nos regala. *Muchos dones se pierden por no haberlos*

agradecido. Recordemos que entre los regalos más preciosos del Divino Espíritu están la caridad, la bondad, la amabilidad y la benignidad. Cuánto necesitamos estas cualidades, y cuánto adelantaríamos en santidad y en simpatía si los pidiéramos más al Espíritu Santo y si fuéramos más agradecidos con El cuando nos los proporciona" (Pablo VI, 1976).

19. *Las maravillosas respuestas de un santo*: San Juan Bosco cuando tenía que dar una *respuesta importante* se recogía un momento y

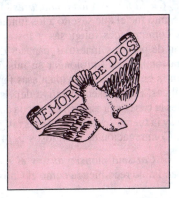

rezaba al Espíritu Santo, porque recordaba aquella frase de la Sagrada Biblia: "Si alguno desea sabiduría pídala a Dios, que la da muy generosamente a quienes la piden sin dudar" (Sant. 1,5). Y las respuestas que Don Bosco daba eran admirables. El había aprendido este secreto de su propia madre, Mamá Margarita, mujer analfabeta, que muchísimas veces, después de invocar al Espíritu Santo, daba unas respuestas precisas y acertadísimas, a las personas que le consultaban en asuntos espirituales (P. Lemoyne).

20. *¿Quién formó a los fundadores?* El Espíritu Santo fue el que suscitó a los fundadores de las comunidades religiosas y los dotó de corazón de padres y maestros, capaces de una entrega total, y para prolongar su misión los guió en la empresa de dar vida a esas familias apostólicas. Esta presencia activa del Espíritu Santo es la base de la esperanza de toda congregación, y la fuerza de cada uno de sus religiosos (Sgda. Congregación de Religiosos 1974).

21. *El Carisma número uno, y el número dos:* San Pablo recomienda como el Carisma o

regalo número uno que más hay que tratar de obtener del Espíritu Santo: LA CARIDAD: el amor a Dios y al prójimo. Dice que éste es el Carisma al cual hay que aspirar más que a los demás (1 Cor. 13). Luego recomienda como carisma importantísimo el de la profecía: o sea hablar; con gracia, con eficacia y con valor, los mensajes de Dios al pueblo (1 Cor. 14,1).

22. *El mensaje de cuatrocientos obispos*: En PUEBLA se reunieron en 1979 todos los obispos de Latinoamérica y dijeron lo siguiente acerca del Divino Espíritu: Jesucristo, así como envió el Espíritu Santo a sus apóstoles el día de Pentecostés, así lo sigue enviando ahora cada día a quienes se dedican a extender su reino (198). Estamos seguros de que la renovación de las personas y de la sociedad dependerá en primer lugar de la acción del Espíritu Santo. El es el que hace que el Evangelio logre encarnarse en la historia de cada época (199). Jesús dijo: "el Espíritu Santo, Espíritu de Verdad, os llevará hasta la verdad plena". El es el Paráclito que anima a todos los evangelizadores y los

asiste para que lleven al pueblo la verdad total sin errores y sin limitaciones (202).

El Espíritu Santo es el que *nos hace odiar el pecado* (importantísimo en esta época de tanta corrupción y desorientación en la que se ha perdido el pudor y la conciencia que hace evitar el pecado).

El Divino Espíritu resucita a quienes están muertos por el pecado (203). La Iglesia reconoce con humildad sus muchos pecados pero confía en que por el poder del Espíritu Santo podrá verse libre de ellos (208) y podrá repetir con el Salmista: "el Señor es la defensa de mi vida: ¿quién me hará temblar?

Aunque un ejército acampe contra mí, mi corazón no tiembla. El Señor me protegerá el día del peligro, y así levantaré la cabeza sobre el enemigo que me cerca (Salmo 26).

23. *Una rara cualidad: ser oportunos*: El Espíritu Santo con su *Don de Consejo* nos ayuda a sacar provecho de todo lo que sucede, para nuestra santificación y la salvación de los

demás y para el progreso de las obras de Dios. *Hasta de nuestros pecados nos ayuda a sacar provecho.* Y nos regala otra cualidad: ¿Qué cosa más difícil que hacer y decir siempre lo que más conviene en cada momento? *Es la rara cualidad de la oportunidad*: porque no basta con saber que algo es bueno en sí, sino: en este momento, con estas personas, es conveniente. Es entonces cuando necesitamos que el Divino Paráclito, con su Don de Consejo, nos enseñe qué es lo mejor en cada circunstancia. Por eso los santos con sus oraciones pidiendo luces del cielo, atinaban con lo que más convenía en cada ocasión. ¿Cuántas palabras y acciones imprudentes evitaríamos... y cuántas dificultades lograríamos superar, si supiéramos apartar más tiempo para llamar en nuestra ayuda al Santo Espíritu? (San Francisco de Sales).

24. *No solo para la otra vida sino también para esta:* "El Espíritu Santo trabaja en los corazones de todas las personas. No solo despierta el deseo de la vida futura, sino que anima y fortalece las aspiraciones de la gente para hacer más humana y amable nuestra vida (Concilio Vaticano G. S. 39).

El Concilio Vaticano, ha llenado las páginas de sus sublimes y actualísimas enseñanzas acerca de la vida moderna con continuas menciones del Espíritu Santo. Lo menciona el Concilio 258 veces. Menciónemoslo también muchas veces nosotros en nuestras oraciones diciendo: "Ven oh Santo Espíritu" (Pablo VI, 23 de mayo 1975).

25. *El que convierte y abre los ojos*: "El Divino Espíritu con sus auxilios internos, mueve el corazón y lo convierte a Dios, abre los ojos de la mente, y concede a las personas el gran favor de aceptar y creer la verdad" (Concilio Vaticano D.R. 5). "Nunca sabremos comprender las maravillas del amor de Cristo sin una luz del Espíritu Santo. Solo El podrá encender en nosotros ese amor verdadero, puro y generoso que debemos profesar a Jesucristo (Monseñor Alfonso Uribe J.).

26. *Habilita para el éxito*: La experiencia ha demostrado y sigue demostrando cada día que el Espíritu Santo Paráclito, con sus dones y carismas, *habilita, condiciona y califica para*

hacer el bien. El es el que da la seguridad del éxito en las obras espirituales, y por eso anima al apostolado, a pesar de las propias debilidades y de los aparentes peligros de fracaso (P. Alejo).

En esta época ha aparecido un nuevo Pentecostés: "el Espíritu Santo se hace presente con una lluvia inesperada de carismas para guiar hasta el éxito a quienes lo invocan con toda fe" (Cardenal Suenens).

27. *Una meta que todos debieran desear*: La fe madura y la caridad ardiente hacia Dios y hacia el prójimo, es una meta a la cual no se llega sin especiales auxilios del Espíritu Santo. El Divino Espíritu nos dará hacia el Padre y hacia nuestros hermanos los mismos sentimientos que tuvo Cristo, si sabemos confiar plenamente en El, pedirle sus auxilios y obedecer a sus inspiraciones (Pío XII).

28. *La causa de muchos fracasos*: San Antonio M. Claret decía a los sacerdotes y catequistas: "por orgullosos no pedimos más frecuentemente al Espíritu Santo sus luces e

inspiraciones y confiamos solo en nuestras predicaciones y catequesis, porque confiamos más en nuestra sabiduría que en las luces del Divino Espíritu. Si por flojedad no invocamos al Paráclito Consolador, nos quedaremos sin saber guiar a las almas".

29. *Grave tragedia*: San Luis María de Monfort andaba repitiendo a las personas espirituales: "por todas partes he visto personas que se creían fuertes como columnas y se *han doblegado como cañas* ante las fuerzas del mal, porque confiaron más en sus propias fuerzas que en el poder del Espíritu Santo".

30. *Algo que era apreciadísimo y lo olvidamos*: La Iglesia primitiva no tomaba ninguna gran decisión ni se embarcaba en ninguna *tarea de importancia sin invocar al Espíritu Santo*. El Divino Paráclito fue *la fuente del coraje y del poder* cada día para los primeros cristianos. Los Hechos de los Apóstoles son llamados "el Evangelio del Espíritu Santo", porque todo en este precioso libro se centra en la Tercera Persona de la Sma. Trinidad.

No es que El empezó a actuar en Pentecostés; ya venía actuando desde muchísimo antes, como lo recuerdan los mismos Hechos, cuando dicen que El fue quien iluminó a David (Hech 1,16) y el que hablaba por boca del profeta Isaías (Hech 28,25). Y San Esteban acusaba a los judíos de "oponerse siempre al Espíritu Santo". *Pero desde el día de Pentecostés el Divino Espíritu se convirtió en una realidad dominante en toda la vida de la primera Iglesia.* El manda a Felipe a que salga al encuentro del ministro etíope y lo convierta (8). Es El quien ordena a Pedro que vaya a predicar al capitán pagano Cornelio, y lo haga cristiano (10), y el que manda que aparten a Saulo y Bernabé para una misión especial que les tiene preparada (Hechos 13). Guía las decisiones del Concilio de Jerusalén (Hechos 15). Envía a Pablo que vaya a evangelizar a Europa (Hechos 16) etc., etc. El Libro de los Hechos hace notar que *todos los jefes de la Iglesia primitiva eran hombres llenos de Espíritu Santo*: Esteban (7), Bernabé (11), San Pablo (20). Ellos *vivían en el Espíritu Santo como en el aire que respi-*

raban. En el Libro Sagrado se hace notar que el valor y la elocuencia de Pedro ante el Sanedrín eran fruto del Santo Espíritu, y que el valor de los primeros cristianos para afrontar situaciones peligrosas, la elocuencia de los primeros discípulos, y la alegría que les acompañaba siempre, independientemente de las circunstancias externas, eran un regalo del Divino Consolador. *Si alguna doctrina necesita ser descubierta y redescubierta es esta.*

Tenemos que avivar nuestra devoción al Espíritu Santo (Barclay).

31. *Condición sin la cual no hay don*: El Libro de los Hechos de los Apóstoles trae una frase muy sugestiva: *"El Espíritu Santo que Dios da a los que le obedecen"* (Hechos 5,32). Esto encierra una gran verdad: que el Divino Espíritu que cada cristiano puede recibir está condicionado por la clase de buen cristiano que es. Significa que la persona que se esfuerza por cumplir más la voluntad de Dios, recibe más Espíritu Santo.

Ser mejor cristiano es recibir más poder, porque Jesucristo prometió: "recibiréis poder cuando venga el Espíritu Santo" (Hech. 1,8), y San Pedro anuncia que este Paráclito se recibe en la proporción en que uno obedece las leyes del Señor. Con razón dijo el Libro antiguo "los obedientes cantarán victoria" (Barclay).

32. *Una fiesta y tres regalos*: El predicador más famoso en el mundo durante el siglo XII, era *San Bernardo*. Las gentes lo seguían entusiasmadas por la belleza de sus sermones y la santidad y enorme simpatía de su modo de vivir. En un día de Pentecostés (año 1111) dijo

el gran orador: "Si celebramos la fiesta de los santos, ¿con cuánto mayor amor debemos celebrar la fiesta del que hace santos a todos los demás, el Divino Espíritu? Los tres actos por los cuales nos apartamos del pecado: el arrepentimiento, el propósito y la petición de perdón, *vienen todos del Espíritu Santo*. El hace que odiemos el pecado, y nos aficionemos a lo que es santo y bueno. El es el que sugiere a la mente los buenos propósitos. Por lo tanto, siempre que sientas amor de Dios y deseo de portarte de manera que El quede contento dále gracias al Espíritu Paráclito que es el que tales propósitos te inspira. Pero no basta con desear ser bueno, nadie lo consigue si no le llega la fuerza del Espíritu Santo a darle vigor para lograrlo. Cuando sientes en tu alma deseos de pedir perdón a Dios por tus maldades, es que el Espíritu Divino está llenando de fuego tu alma, y así, después de la Cuaresma de los sufrimientos y penitencias de esta vida, te hará llegar a la Pascua de las alegrías del cielo".

33. *Fórmula para ciertos casos repentinos e imprevistos*: La experiencia de muchas personas

ha demostrado que en ciertos casos repentinos imprevistos de la vida, en los que la prudencia humana, por ser discursiva, no llegará a tiempo con la solución que necesitamos, es absolutamente indispensable que el Espíritu Santo nos ilumine con el *Don de Consejo*.

Este don es el que nos ilumina lo que debemos hacer, decir y evitar, según el tiempo, el sitio y las personas. Es una prudencia venida del cielo. Este es el don que enseña a no hacer o decir lo que disgusta inútilmente o hace daño. El Don de Consejo hace mirar los hechos desde la altura, desde donde lo mira Dios y apreciarlos a lo divino. Llega a ser un hábito, un modo estable de ver las personas, los hechos y las circunstancias y apreciar todo lo divino. Nos sube a un plano sobrenatural y juzgamos los objetos, las personas y la vida toda "desde Dios". Quizá movido por este Don, exclamaba San Francisco de Sales al ver un almacén repleto de objetos de lujo y de elegancia: "Cuántas cosas que yo no deseo poseer", y Santa Teresa "tan grande vida espero, que muero porque no muero", o San Ignacio: "no hay tantas cadenas y humillaciones en Salamanca, cuantas deseo yo sufrir por amor de Cristo". En el cielo tendremos para siempre este "Don de Consejo que nos hace intuir lo que más conviene, y desechar lo que nos hace daño para el alma. Es el más perfecto olfato que existe. Y en la tierra lo vamos obteniendo más y más a medida que aumenta nuestra amistad con el Espíritu Santo, que es el autor de tan maravilloso regalo" (Cerrutti).

34. *Soluciones precisas para casos extrarrápidos:* A veces se presentan disyuntivas angustiosas: se exigen soluciones extrarrápidas y

la razón no alcanza a formar sus raciocinios. El buen cristiano eleva inmediatamente su corazón a Dios y es entonces cuando se hace presente el Espíritu Santo con sus luces e inspiraciones. ¿No sería esto lo que sucedió a Salomón cuando le presentaron el célebre caso de las dos mujeres que se peleaban por un niño diciendo cada cual que era la madre del infante, y a él se le ocurrió decir que partieran el bebé y le dieran la mitad a cada una... y la que no era la madre aceptó esto pero la verdadera madre prefirió que le dieran el niño vivo a la otra con lo cual descubrió el rey quién era la propia madre del niño? ¿No es lo que sucedió a Cristo cuando le presentan la pecadora para ver si la condena, y les dice: "el que no tenga pecado que lance la primera piedra", y se fueron todos avergonzados, empezando por los más viejos que eran los más dañados? Claro está que estas *inspiraciones del Espíritu Santo no caben a la vez en la mente con el orgullo.*

Si nos creemos autosuficientes, infalibles, que no necesitamos de la oración a Dios y de pedir consejo a los demás, ni de seguir las instrucciones de los superiores, entonces el Señor nos deja que nos guiemos por nuestras solas luces que son bien pocas, y se cumple lo que decía Jesús: "si un ciego guía a otro ciego, los dos caen en el abismo". Que no nos suceda lo que dice la Sagrada Biblia de un rey de Israel: "porque su corazón se llenó de orgullo, Dios lo abandonó en manos de sus enemigos" (Juan Rey).

35. *No permanece ocioso ni un momento*: Uno de los escritores católicos más agradables de leer es Fray Luis de Granada. Sus libros, especialmente el que se llama "Guía de pecadores", son una verdadera joya de literatura y mística. Fray Luis de Granada dice: "así como en el alma del que está en pecado mortal moran las víboras infernales así en quien está en gracia de Dios, mora el Espíritu Santo. Y El no está ocioso ni un momento en nuestra alma, siempre está obrando para nuestro bien. Está allí como un padre de familia gobernando el hogar, como un maestro enseñando, como un experto agrícola cultivando las mejores flores de santidad y los mejores frutos de obras buenas.

¿Qué mejor riqueza podemos desear para nuestra alma? El Divino Espíritu está obrando a toda hora en nosotros lo que más conviene para nuestra santificación. *Es como un fuego* que nos ilumina, y nos llena de fervor, y va quemando nuestra maldades. *Es como una nube*, que nos defiende del ardor quemante de nuestras pasiones, y *como un viento fuerte* que inclina nuestra voluntad hacia lo bueno y la retira de lo malo. El profeta dice que Dios le concedió una gracia especial: "amar lo bueno y odiar lo malo". Ese es un oficio formidable que hace el Espíritu Santo en nuestra alma: poner almíbar en lo que sí conviene para nuestra salvación, a fin de que lo amemos y lo practiquemos, y colocar hiel amarga en todo lo que va contra nuestra santificación, a fin de que nos apartemos de ello con honor".

36. *Lo que sucedió a un mártir del siglo XX*: El más popular mártir mejicano de este siglo fue el Padre Pro, asesinado por los enemigos de la fe. Este santo sacerdote confiaba muchísimo en el Espíritu Santo, y conseguía con su fe

resultados maravillosos en las personas a las que hablaba. Poco antes de ser fusilado, por los comunistas, explicando sus grandes éxitos como predicador y catequista decía: "Por mis pocas cualidades y mis pocos estudios, yo en mi predicación y en mis clases de catecismo *debía decir* "negro" y dije "blanco". ¿Por qué? Siempre me resultaban mis charlas religiosas mejor de lo que podrían resultar por mis solas cualidades y preparación. ¿Por qué? Es que el Espíritu Santo se encargaba de colocar en mis labios las palabras que iban a conmover las almas. Porque el Divino Paráclito es el que convierte pecadores, y cuando uno coloca toda su confianza en El, los resultados son sencillamente asombrosos".

37. *El gran descubrimiento de muchos apóstoles actuales*: *Uno de los mayores descubrimientos que puede hacer un sacerdote o un catequista* en medio de sus trabajo apostólicos es EL PODER del Espíritu Santo. Quien posee el Divino Espíritu verá cumplidas en su vida las palabras casi increíbles de Jesús: "Yo os aseguro que el que cree en Mí, hará las obras que Yo hago, y las hará mayores" (San Juan 14,12). El Santo Espíritu obra poderosamente a través de un corazón sacerdotal o catequista, que sea contemplativo y adorador (Contemplar, era en la antigüedad, entrar al templo para averiguar con la oración y la meditación, qué opina el cielo acerca de algún tema). El sacerdote y el catequista contemplativos serán los profetas de este tiempo, porque el Espíritu Santo con sus dones les lleva a conocer y saber *cuál es el plan de Dios para esta época actual*. Si el sacerdote y el catequista no dedican tiempo a contemplar en la oración y en la meditación cuál es la voluntad del Señor, la gente notará en su trabajo y en su predicación que falta algo. Hay que ponerse en comunicación con

el Poderoso Espíritu Santo. Así el mundo no nos verá con el rostro angustiado por las preocupaciones y angustias, sino llenos de la paz del Espíritu Consolador (Lopera).

38. *Cuando se presentan problemas insolubles*: Cuando en nuestro apostolado o en nuestra vida espiritual se presentan problemas insolubles, debemos preguntarnos. "¿Cómo están mis relaciones con el Espíritu Santo? ¿De veras lo invoco frecuentemente con toda fe?

¿De veras creo en su poder? ¿Me estoy abasteciendo en *la Verdadera Fuente de luz y de poder*, que es el Divino Espíritu, o me está pasando *la tragedia que tanto criticaba el profeta Jeremías*: "pasmaos cielos de ello, erizaos y cobrad gran espanto: dice el Señor. Doble mal ha hecho mi pueblo: me dejaron a Mí que soy Manantial de aguas vivas, y se fueron a buscar en cisternas agrietadas que no retienen el agua?" (Jeremías 2,13). ¿Estaré cometiendo tan gran error? ¿Buscar las soluciones en mis pobres fuerzas, en mis pocas luces, o en fuentes meramente humanas, teniendo a mi alcance la enorme luz y el gran poder del Espíritu Santo? El es dinamismo, iluminación, alegría, solución... pero *su poder puede estar encadenado en mí*, por no invocarlo más, por no creer en su presencia salvadora y en su deseo de ayudarme, Señor: que yo pueda decir también como San Pablo: "Doy gracias a aquel que me revistió de poder" (1 Tim. 1,12). (Monseñor Martínez, arzobispo de México).

"Antes de pensar que es usted quien convierte, piense en el Espíritu Santo, ore, y verá efectos increíbles" (P. Lopera).

39. *Ejemplos de algunos santos*: La iluminación del Espíritu cambió el criterio humano de los santos en criterio sobrenatural, y así los llevó a opinar sobre los objetos, las personas y los acontecimientos de una manera totalmente superior al modo como opinan las gentes del mundo. Ya que este gran bien nos lo puede hacer también a nosotros el Divino Paráclito, recordemos algunos ejemplos (Los teólogos opinan que esto que enseñaron los santos, lo dijeron, inspirados por el Don de Ciencia del Divino Espíritu).

a) *Santa Teresita:* al ver pasar lujosas carrozas llenas de lujo y de riquezas exclamaba: "¿de qué valen todas las riquezas, honores y placeres, comparados con la dicha de amar a Dios y ser amados por El? ¡Qué infeliz sería yo aunque poseyera todo esto, si no amara a Dios o no fuera amada por El! ¡Oh: que ninguna de estas materialidades me robe ni siquiera un átomo de mi amor, que debe ser totalmente para Dios!

b) *Santo Domingo de Guzmán*: el más grande predicador del siglo XIII, lloraba al pensar en la triste suerte de los pobres pecadores. El Espíritu Divino le había hecho comprender lo muchísimo que pierde, quien pierde la amistad con Dios.

c) *San Agustín*: una vez que recibió la infusión del Espíritu Santo, adquirió una total repulsión hacia sus faltas antiguas. Algo muy parecido le sucedió a San Juan Vianey.

d) *San Francisco de Sales* consiguió del Espíritu Paráclito la gracia de ver en los otros a Cristo y de tratarlos bien y sacrificarse por ellos como si lo hiciera cada vez por Jesucristo personalmente. Esto le llevó a ser el hombre más amable que ha existido después de Jesús. Una gracia sumamente parecida le concedió el Divino Espíritu a San Vicente de Paúl, a San Juan Bosco y a muchos santos más, y nos la puede conceder también a nosotros, pero cuesta: hay que pedirla mucho.

e) *Fray Luis de Granada* cuenta de un santo varón que recibió del Espíritu Santo el don de refrenar la ira, y cuando le preguntaban por qué no trataba mal a nadie, respondía: "Es que yo no soy capaz de enfrentarme a Cristo disfrazado de prójimo".

f) *San Juan de la Cruz*: inspirado por el Espíritu Santo, comparaba los bienes de la tierra con los bienes del cielo: "Qué poca cosa son estos bienes para que me vaya a enamorar de ellos, en vez de enamorarme de Dios". Algo parecido exclamaba *Santa Teresa* al ver las joyas de una señora: "Qué poca cosa estima la gente de este mundo, y qué grandes tesoros tiene preparado mi Dios para sus amigos en la eternidad". Haciendo eco a esta frase, exclamaba Santa

Teresita al oír música de bailes y francachelas: "Señor: eso que se oye es el destierro. Allá arriba está la patria. ¡Sueño con tu cielo"!

40. *La diferencia que se produce*: En la vida de las personas espirituales se nota una *enorme diferencia* entre lo que eran al principio y lo que son después de haber recibido el Don de Ciencia que regala el Espíritu Santo. Los conocimientos espirituales que habían adquirido antes son nada en comparación con los que reciben del Santo Espíritu. Con su inspiración *descubrimos en Dios maravillas que no imaginábamos*. Descubrimos en las Sagradas Escrituras admirables verdades. Sin el Don del Espíritu Santo la Sagrada Biblia puede ser para nosotros como letra muerta, pero con ese Don la belleza de la Sagrada Escritura nos fascina, cada día descubrimos ideas nuevas y se nos convierte en una felicidad leer las páginas del Sagrado Libro. Antes de recibir la luz del Divino Espíritu recitábamos el Padre Nuestro maquinalmente, pero una vez que el Consolador llega a nuestra alma, saboreamos palabra por palabra en la oración que

nos enseñó el Señor. El Don de Ciencia es como un lente de largo alcance que nos permite observar maravillas donde a simple vista no lograríamos notar nada de particular. Y esa "Iluminación" interior va produciendo un cambio de conducta, casi sin que la persona se vaya dando cuenta. Este don se puede perder por lecturas y espectáculos mundanos que llenan la mente de ideas equivocadas; se puede perder por la lujuria que lleva a dar más importancia al cuerpo que al alma y por la pereza que no deja dedicar tiempos serios a orar y a leer la Sagrada Biblia. Pero *se aumenta con la fe y con el recogimiento.*

El alma que sabe aislarse del bullicio de la vida, y dedicar tiempos a Dios con la oración, la meditación y la lectura de las Sagradas Escrituras, *le está haciendo con ello un homenaje al Creador, el cual le pagará iluminándola* y concediéndole el Don de Ciencia del Espíritu Santo, con el cual se capacita la mente para recibir las luces celestiales.

Interroga tu conciencia: ¿sabes dedicar tiempos al recogimiento, con la meditación, la oración y la lectura del Libro Santo? ¿Qué haces en el mundo con tus pensamientos? Qué ganas con vivir siempre en medio de tanto bullicio: refúgiate en tu Roca que es Dios, y El te iluminará y te llevará a la santidad" (Hamon).

41. *El don que forma campeones*: En la Sagrada Escritura se narra el caso de sencillos hijos de aldeanos (Sansón, Gedeón, Saúl, David, etc.) que recibieron del Espíritu de Dios una fuerza divina que los transformó en personas capaces de acciones excepcionales. De alguno de ellos se retiró el Santo Espíritu porque la conducta de los individuos no correspondía a la santidad de Dios. A otros, como a David, el Espíritu del Señor los acompañó siempre hasta el final de sus días. Hay un Don del Espíritu Santo que se llama el Don de Fortaleza, por medio del cual se produce energía de carácter y una gran persistencia para no desistir del fin bueno que uno se ha propuesto, aunque sea difícil y haya muchos peligros. Quien recibe este don repetirá como el famoso general al cual le dijeron los soldados: "No podemos pasar al otro lado porque se nos

opone una altísima montaña". El general respondió "Pondremos a la montaña debajo de nuestros pies", y a sí lo hicieron, escalándola. Cuando al que tiene el *Don de Fortaleza* se le oponen montañas de tentaciones, de dificultades y de peligros, responde valeroso. "Colocaremos esas montañas de dificultades debajo de nuestros pies", y emprende la lucha, confiando no en sus propias fuerzas sino en el poder de Dios.

42. *Los dos pasos para triunfar*: Los dos actos que el Don de Fortaleza del Espíritu Santo trae al alma son:

Atacar al mal, y *resistir* en el bien. Se necesita una resistencia y aguante contra los ataques continuos del mal. Se necesita resistencia en el cumplimiento del deber cada día, calladamente y así por años. Muchas veces *sólo queda un dilema:* heroísmo o pecado mortal. ante el violento ataque de una tentación no es posible en ciertos casos planear combate: es necesaria una intervención ultrarrápida del Espíritu Santo. Pero *Dios no da heroísmo al perezoso y al flojo*.

"A Dios rogando y con el mazo dando". No es que en tiempos de paz no hagamos ningún esfuerzo y después en tiempos de combate espiritual esperemos que Dios nos convierta en héroes.

San Juan Crisóstomo cuenta el caso de muchos cristianos que en tiempos de paz recibían la Eucaristía y oraban con fervor, y adquirían así "la fuerza de un león para resistir en tiempo de ataque".

Nuestro corazón es tan amigo de lo malo.

Vivimos cansados por los esfuerzos y tan desanimados por los fracasos. Las tentaciones son tan violentas, las adversidades paralizan, los obstáculos espantan, la tristeza desanima, el respeto humano encadena. ¿Qué sería de nosotros sin el *Don de Fortaleza* del Espíritu Santo? Tenemos que repetir con San Francisco Javier: "Mi mayor mal sería dejarme dominar por el miedo a las dificultades que se me presentan cuando trabajo por el Reino de Dios". Pero este miedo nos domina si no tenemos a nuestro favor al Divino Consolador. El es el que ha hecho que los santos no le hayan tenido miedo a nada cuando se dedicaban a extender el Reino de Dios. ¿Qué santo hubiera podido trabajar sin desanimarse, ante las dificultades que se le presentaban, si el Espíritu Santo no lo hubiera asistido: nosotros conocemos lo tremendamente débiles que somos, y que siempre hacemos el mal que no queremos, pero con la ayuda del Paráclito podremos repetir: "Todo lo puedo en aquel que me fortalece" (Hamon).

43. *Fórmula para cuando llega la atracción al mal*: Wilkerson es un hombre que ha logrado sacar a miles de personas del vicio de las drogas y de otros vicios, por medio de una devoción fuerte al Espíritu Santo. El dice así a los que sienten simpatía por lo que está prohibido por Dios: "Cuidado, el enemigo del alma le dirá: 'Lo necesita... es sabroso... le va a satisfacer... no le hará daño... nadie lo sabrá". Pero cuando es demasiado tarde la víctima se da cuenta de que todo ello era una espantosa mentira. El pecado lo separa a usted de Dios, *y nada le puede suceder a una persona que sea peor que esto*. El Salmo 65 dice: si en mi corazón apruebo el mal, el Señor no escucha mi oración". Isaías cuenta

una noticia escalofriante: "vuestras maldades colocan una separación entre vosotros y Dios; vuestros pecados hacen que Dios aleje su rostro para no oír vuestras peticiones" (Isaías 59,2). Qué terrible noticia: Dios no quiere oír lo que le digamos mientras no estemos dispuestos a dejar nuestros pecados.

Los pecados lo tienen a usted amarrado de pies y manos. *"Hay una fuerza mayor que los desatará: es el Espíritu Santo.* El es el que hace que nos demos cuenta de la fealdad del pecado y que odiemos y tengamos asco a todo lo que ofende a Dios".

Jamás logrará usted dejar su pecado hasta que reconozca que es malo lo que está haciendo. Y es el Espíritu quien le va a decir a usted: "es malo, es asqueroso, es feo, es contra Dios, hace contristar al Creador, y el Señor odia esto". Es el primer paso para la conversión: ver el pecado como Dios lo ve, odiarlo como lo odia Dios.

Hay que matar el mal deseo, porque si el Espíritu Santo nos lleva a odiar el pecado, pero seguimos coqueteando con la ocasión de pecar y echando combustible a los deseos malos, nos va a pasar como al que se echa al cuello un pequeño orangután y le va dando bananos, y así cada día, y cuando al cabo de unos meses el animal crece y pesa, el hombre trata de quitárselo de sobre la espalda, pero el orangután prefiere estrangular y matar al que lo lleva, antes que alejarse de él.

Hay que tener un pavor extraordinario por el pecado: como el que se tiene por una culebra cascabel o por un perro rabioso.

Y el R. P. García Herreros añade: "No hay otro medio de cambiar si no es por medio del Espíritu Santo. No pensemos que por solo esfuerzos humanos podremos transformarnos o transformar el mundo. Si aceptáramos al Espíritu Santo cómo sería de distinta nuestra vida. Tendríamos nuevas fuerzas, las únicas capaces de cambiarnos en personas nuevas. Supliquemos al Divino Espíritu que venga, que no pase sin hospedarse en nuestra alma. Que no deje marchitarse nuestro espíritu. Hermano mío: no te sientes como yo... muy lejos del ideal. Sin embargo tenemos la fuerza infinita del Santo

Paráclito que puede transformarnos. Sin Espíritu Santo, por más que tomemos la resolución de mejorar, por más que tengamos la ilusión de que ahora sí cambiamos, siempre quedaremos los mismos".

44. *He aquí la experiencia de uno que logró superarse*: "Durante mucho tiempo busqué *el secreto de adquirir poder sobre el pecado*. He sido acosado terriblemente por la tentación, Hice todo lo que se me ocurría pero todo fue en vano. Cada día se hacía más grande la lista de mis maldades. Pensaba que por haber andado 25 años con Dios ya no me sobrevendrían tentaciones insoportables; pero me llegaron. Tenía que repetir con el Apóstol: "¿miserable de mí, quién me librará de este cuerpo de pecado?" (Rom. 7). Yo me imaginaba que solo los cristianos principiantes se enfrentaban a tentaciones dificilísimas de dominar, y como no las había enfrentado, yo era todavía inmaduro en la fe. Me había olvidado que el enemigo del alma, si uno anda con Dios, hace todo lo posible por ponerle una zancadilla y derribarlo. ¿Y qué salida encontrar? Mi terrible *círculo vicioso*

era: caer, agonizar de remordimiento, proponer que no caería más, volver a caer en seguida y... repetir una y otra vez el mismo proceso. Todos los días perdiendo batallas que debía ganar. Cada día, cada hora, me oprimía la conciencia del pecado. *Pero alabo a Dios porque tiene un medio de liberación* para que no vivamos esclavizados por las malas costumbres y por los impulsos de la naturaleza corrompida. *La solución la da Cristo enviándonos el Espíritu Santo.* Yo lo he logrado experimentar por mí mismo, he descubierto que la victoria es una persona: el Espíritu Santo, enviado por Nuestro Señor Jesucristo. El es quien vino a destruir las obras de los enemigos de nuestra salvación. Toda nuestra victoria sobre el pecado depende de nuestra fe en la promesa de Jesús: "cuando venga el Espíritu Santo, recibiréis poder". Yo di el primer paso: aprendí a clamar, y se cumplió en mí lo que dice el bellísimo Salmo 33: "este pobre clamó a Dios, y Dios lo libró de sus angustias". Es posible que la única solución que le quede a una persona sea un milagro, pero el Dios a quien rezamos es el que obra milagros.

Clame usted, amigo, al Espíritu Santo, que a Él nada le cuesta ayudarle. Recuerde lo que dice San Pablo: "Dios tiene poder para darnos muchísimo más de lo que nos atrevemos a pedir o a desear (Efesios 3). Amigo: no trate de vencer solo a Satanás y al mundo y a la carne, porque ellos son más fuertes que usted. No tiene por qué dedicarse a librar solo sus batallas, dejando al Divino Espíritu como simple espectador. Si el Espíritu Santo viene en nuestra ayuda puede ser que nos deje perder batallas, pero jamás perderemos la guerra. Satanás nunca logrará luchar victoriosamente contra el enorme poder de Dios.

El Espíritu que resucitó a Jesús de entre los muertos quiere intervenir para levantarnos a nosotros del abismo de postración en que nos tienen sepultados nuestros pecados. Pero no pensemos, que podemos vivir tranquilos en la incredulidad y obtener victorias. *Sin fe estamos derrotados*. Cada uno tiene que repetirse a sí mismo: "Cristo tiene poder sobre mis pecados. Cristo me librará. Yo no puedo luchar solo porque el pecado es un enemigo demasiado grande para mí, pero Jesús tiene poder y amor

inmensos para librarme. ¿Y él actuará? ¿Y cómo actuará?". Enviándome el Espíritu Santo, con su Don de Fortaleza, en ayuda de mi espantosa debilidad. Quiero cumplir las palabras de San Pedro: "Descargaré en Dios mis preocupaciones, porque El se interesa por nosotros" (1 Pedr. 5), y así habré obedecido al mandato del Señor en el Salmo 54: "encomienda a Dios tus afanes que El te sustentará y te mantendrá firme hasta el fin y Dios cumplirá en mí lo que prometió cuando dijo: "Invócame el día del peligro, yo te libraré, y tú me darás gloria" (Salmo 49).

MENSAJES DEL HIJO DE DIOS

Enseñanzas de Jesús

12. EXPLICACION DE ALGUNAS FRASES DE LA SAGRADA BIBLIA QUE HABLAN DEL ESPIRITU SANTO

(Toma del hermoso libro "el Evangelio explicado frase por frase" de Sálesman y Barclay).

1°. *Yo pediré al padre que os dé un paráclito, un defensor que esté siempre con vosotros, el Espíritu de Verdad (Jesucristo S. Juan 14,16)*

Jesús no quiere permitir que tengamos que luchar solos en la vida cristiana. Promete que nos enviará un "Paráclito". ¿Y, qué quiere decir la palabra Paráclito? Es una palabra griega que significa: un consolador, un defensor, un abogado que se coloca junto a un indefenso y débil para ayudarlo.

En griego, que es el idioma en que fue escrito el Evangelio de San Juan, la palabra Paráclito significa: una persona a quien se llama en situación de angustia. Se titulaba también así a la persona que llegaba al tribunal para dar testimonio en favor de alguien y defenderlo. O el abogado que se llamaba para tomar la defensa de un acusado cuando este tenía peligro de recibir una condena grave. Otro significado que se le daba a la palabra Paráclito era la de un Técnico o Experto, o Consultor al cual se recurría para aconsejarles sobre alguna situación muy difícil.

En la milicia se llamaba Paráclito a un Especialista en Sicología al cual se le pedía que viniera a animar, entusiasmar, e infundir coraje y alegría a los soldados de un ejército, cuando en una guerra se hallaban muy deprimidos. Por eso en varias biblias se traduce Paráclito por Consolador.

En todos estos significados Paráclito es un nombre que se le da a una persona a quien se llama para brindar ayuda a seres débiles que tienen problemas o están sumidos en tristezas, dudas o confusiones, y necesitan un guía seguro para superar esa situación. Según este nombre que la Sagrada Escritura le da al Espíritu Santo, El se presenta como alguien que nos ayuda a enfrentar las situaciones difíciles. El es quien nos concede fuerzas y luces para enfrentar los problemas, y para cambiar una vida derrotada en una existencia victoriosa.

De manera que lo que dice Jesús con esta frase que estamos explicando es lo siguiente: "Os encomiendo una tarea dura y os dejo mandatos difíciles. Pero os enviaré a alguien que es un Paráclito, o sea un defensor, un guía, un animador. El os mostrará lo que debéis hacer: os dará luces y fuerzas y os hará capaces de enfrentar cualquier batalla por la santidad".

Es un *"regalazo"* del Señor. Aleluya.

2°. *El Paráclito, el Espíritu Santo que enviara el Padre, en mi nombre será quien os lo enseñe todo (S. Juan 14,26)*

Hay aquí una verdad fundamental: que el Espíritu Santo nos enseña todas las cosas.

Todo cristiano tiene que ir aprendiendo hasta el final de sus días, porque hasta ese momento el Espíritu Santo lo irá conduciendo cada vez más lejos y más profundo en las verdades de

Dios. Jamás llegará un momento en la vida cuando el cristiano pueda decir que ya conoce toda la verdad en su religión. Jesús en el pesebre fue encontrado por dos clases de personas: los que reconocían que no sabían nada: los pastores; y los que reconocían que la sabiduría hay que buscarla en los cielos, y no solo en la tierra: los magos. Porque a los orgullosos que se imaginan saberlo todo, a esos no se toma Dios el trabajo de hablarles, por que sabe que no le van a escuchar. Y a los que se arrastran como gusanos por la tierra, buscando solo sabiduría material, y en vez de remontarse a las alturas como águilas, se quedan escarbando como gallinas entre la basura buscando en lo terrenal lo que solo puede venir del cielo, a ellos tampoco les llega la Divina Revelación. Toda Verdadera Sabiduría viene del Espíritu Santo, y quien de El no la reciba se quedará sin nada.

3º. *El Espíritu Santo os irá recordando todo lo que yo os he dicho (S. Juan 14,26)*

Una verdad maravillosa proclama Jesús con esta frase suya tan famosa. Nosotros tenemos obligación de pensar y meditar mucho en la vida, pero siempre y en toda ocasión la fórmula infalible para no equivocarnos es esta: lo que estoy diciendo, pensando o haciendo, estará de acuerdo con lo que ha enseñado Jesucristo. El Padre Miguel Rúa, elevado hace poco al honor de los altares, tuvo que reemplazar a San Juan Bosco en el gobierno de una de las comunidades religiosas más importantes del mundo. Cuando al P. Rúa se le presentaba un problema difícil, se colocaba frente al retrato del santo fundador y pensaba: "¿Qué opinaría Don Bosco en este caso?". Algo semejante tenemos que hacer nosotros en muchas circunstancias: detenernos un poco y meditar: "¿Qué opinaría Cristo a este respecto?". Y para ello *es necesario que el Espíritu Santo nos recuerde siempre lo que Jesús nos ha dicho.*

Lo que el Divino Espíritu nos va a hacer descubrir no es solo la verdad. Esa ya la enseñó

Jesucristo. Lo que nos va a enseñar a descubrir es el significado de esas verdades que enseñó el Redentor. Podemos pasar la vista años y años por sobre una frase de Jesús y no lograr comprender lo que significa. Pero si nos llega una ligera luz del Espíritu Paráclito, encontraremos tesoros increíbles en esas sencillas palabras.

El Espíritu Santo nos protege contra uno de los peores peligros en la vida espiritual que es el olvidar las enseñanzas de Jesús.

Hay un gran bien en que el Divino Paráclito nos recuerda lo que Jesús ha dicho, y es el siguiente: cuando sentimos la inclinación a obrar lo malo, cuando estamos a punto de llevarlo a cabo, si se presenta a nuestra mente una frase de Cristo podremos detenernos y dejar de dar el paso fatal hacia la perdición. (Por eso los antiguos abrían de vez en cuando el Evangelio al azar, donde saliera, y muchas veces encontraban allí la frase que estaban necesitando en ese momento). *En los momentos de prueba y de depresión*, el que el Espíritu Santo nos recuerde una frase de la Sagrada

Escritura, nos puede ser de mayor remedio y animación que si nos hubiéramos tomado un frasco de pastillas contra el nerviosismo. Veamos unos ejemplos. Esta frase de Jesús: "Buscad primero el Reino de Dios y su santidad, y todo lo demás se os dará por añadidura". Fue la palanca que empujó a San Antonio Claret, al Santo Cura de Ars, a San Benito Cottolengo, a Santa Teresa, a San Ignacio y a millones de santos más a emprender inmensas obras apostólicas con medios humanamente risibles y despreciables. Hace poco un deprimido visitaba la oficina del famoso psiquiatra doctor Blanton. Mientras el gran sabio se preparaba a recetarlo, el paciente leyó sobre la mesa del psiquiatra estas frases de la Sagrada Biblia: "Si Dios está con nosotros, ¿quién podrá contra nosotros? Todo lo puedo en Cristo que me fortalece". Y con una sonrisa llena de entusiasmo exclamó: "doctor: aquí está el remedio que necesitaba. Por ahora no necesito calmantes. Estas frases eran las que mi espíritu estaba deseando". Y volvió a su casa pleno de paz y alegría. Allí en esos letreros del escritorio lo estaba esperando el Espíritu Santo para recordarle lo que el Señor ha dicho en sus Sagradas Escrituras.

Qué gran favor nos hace con esto el Paráclito. ¡En verdad se merece bien ese nombre que significa: consolador, animador, abogado y defensor!

En los momentos de prueba el Espíritu Santo quiere presentar a nuestro espíritu aquello que jamás deberíamos haber olvidado: *las enseñanzas de Jesús.*

4º. *Yo os enviaré lo que mi padre os ha prometido. Vosotros quedaos en la ciudad hasta que os revistais del poder de lo alto (S. Lucas 24,49)*

Jesús anuncia el envío del Espíritu Santo.

Pero para que este poder del cielo descienda sobre sus discípulos tienen que esperar por un tiempo en la ciudad santa. Hay momentos en que parece que el cristiano está perdiendo el tiempo cuando debe esperar en una prudente pasividad. *La acción apostólica que no se prepara con recogimiento y oración puede estar destinada a fracasar.* Hay momentos para esperar pasivamente la ayuda de Dios en contemplación, meditación y oración, antes que dedicarse a trabajar activamente por El. Si no, puede sucedernos lo que tanto temía San Pablo: que señalando a los demás el camino de la salvación, nos quedemos nosotros sin la corona de los vencedores" (1 Cor. 9,27).

Los tiempos silenciosos en los que en recogimiento interior y exterior no dedicamos a adquirir "combustibles de fervor", y escuchamos a Dios que nos habla, dejando las tareas de la vida material, son quizá los más fecundos de la vida de apostolado, porque es entonces cuando recibimos "poder de lo alto", para dedicarnos luego con doble fervor y eficacia a las labores que temporalmente habíamos suspendido.

5°. *Cuando venga El, el Espíritu de verdad, él os guiará hasta la verdad plena (San Juan 16,13)*

Ya lo había dicho Jesús: "El Paráclito, el Espíritu Santo que el Padre enviará en mi nombre, El os lo enseñará todo" (San Juan 14,26). El Divino Espíritu trae al discípulo la verdad total. Y no solo la verdad teológica. El es quien inspira a poetas, músicos y artistas. Es el Paráclito el que ha guiado a tantos genios que han logrado maravillas en política, en ciencias y en inventos admirables.

La autora del famoso libro "La Cabaña del Tío Tom" exclamaba: "Yo no tenía sino que escribir. Las ideas me venían del más allá. Yo sentía que el Espíritu Divino me iba guiando y que me conseguía una prodigiosa facilidad para expresarme". Haendel, el autor de la famosísima composición musical titulada "El Mesías", narra que un día desanimado y entristecido se fue a pasear por las calles. Se le ocurrió entrar en una iglesia y dedicarse a pedir luces a Dios. De pronto sintió como una iluminación interior. Se fue a su casa y se dedicó a componer música. Lo llamaron a almorzar y no fue. Lo llamaron a cenar y tampoco se movió de su mesa de compositor. Al día siguiente la cama estaba sin destender porque no se había acostado... y de su mente y de su pluma brotó una de las más admirables piezas musicales de la humanidad. Tan hermosa, que él mismo, al oír cantar en el teatro el Aleluya de su Mesías, temblaba de emoción y repetía: "pero esto lo pude componer yo" (Lo que repetiremos tantas veces después de nuestros éxitos si en verdad confiamos en la inspiración del Santo Espíritu). Jamás se cansará el Espíritu Paráclito de inspirar *la verdad plena*, o sea el conjunto de verdades que a la humanidad le puedan servir para llevar a cabo los planes que Dios ha hecho para el progreso universal y la santidad de todos. Si no recibimos más verdad es porque no la pedimos más al Espíritu del Señor que la desea repartir a manos llenas.

El os guiará: La verdad religiosa no es un descubrimiento humano, es un don divino.

Todo lo revelado procede de Dios. La verdad religiosa la regala el Espíritu Santo, sobre todo a quien se la implora. La verdadera sabiduría no nos va a llegar solo por medio de libros y maestros. La verdadera sabiduría la regala el Espíritu Santo. Por eso le decimos en el Himno de Pentecostés: "Ven oh Santo Espíritu, y desde el alto cielo un rayo de luz dígnate enviar, ven padre de los huérfanos, ven dador de dádivas, ven nuestros corazones a inflamar. Dénos tu influjo conocer al Padre, dénos también al Hijo conocer y en ti del Uno y Otro Santo Espíritu para siempre creer. Amén.

6°. *El mundo no puede recibir el Espíritu Santo porque no lo ve ni lo conoce (San Juan 14,17)*

Al hablar del "mundo", el Evangelio de San Juan se refiere a ese grupo de personas que viven como si Dios no existiera, esas gentes que al organizar sus vidas dejan de lado a Dios, porque les parece que no les hace falta.

Lo esencial de estas palabras es lo siguiente: solo vemos aquello para lo cual estamos capacitados. Un astrónomo verá muchas más cosas en el cielo que una persona común.

Un botánico notará muchísimos más detalles en un metro de terreno que aquellos que nada saben de ciencias naturales. Llega una persona ordinaria a una exposición de arte y apenas sí notará algunos detalles, o quizá nada de importancia. Pero llega un especialista y se queda extasiado ante las obras de arte allí expuestas. Tiene ojos experimentados en ver arte. Oirá una sinfonía un rudo y le parecerá monótona y cansona, pero si la oye un melómano especializado en el arte musical gozará de lo lindo escuchando aquellas armonías: tiene oídos experimentados en escuchar arte. En cualquier ocasión lo que logremos captar dependerá de la facilidad que tengamos para ver y oír, y experimentar.

Una persona que ha eliminado a Dios de su vida, que nunca dispone de un momento durante el día para atender a Dios y escucharlo, ¿cómo podrá captar sus mensajes si no tiene oídos experimentados en oír lo que Dios dice? Si considera que dedicar ratos para hablar a Dios o escucharle es una perdedera de tiempo, jamás logrará recibir el Espíritu Santo ni entenderlo, ni apreciar sus mensajes.

Es necesario ir aprendiendo a escuchar a Dios en el silencio y a admirar sus maravillas en contemplación. Entonces ante su presencia tendremos una actitud, tan completamente superior a la del mundo, como la que tienen en comparación con los rudos e ignorantes los que han acostumbrado sus oídos a oír y sus ojos a contemplar las maravillosas armonías del arte.

7º. *Vosotros si conoceréis al Espíritu Santo porque está con vosotros (San Juan 14,17)*

El Espíritu Santo lo reciben los que lo esperan con oración y con ánimo dispuesto y silencio. *El Divino Espíritu nunca tumba las puertas del corazón de nadie.* O se le abre espontáneamente o se queda fuera. Espera hasta que lo recibamos con cariño filial. Hay que obrar como lo hicieron los primeros discípulos y como lo hacen tantos cristianos fervorosos en la actualidad: preocuparse por darle una calurosa bienvenida en el alma al Santo Paráclito. Y esto es lo que no hace el mundo, el cual se siente demasiado ocupado en las cosas materiales de esta tierra para dedicarle un breve rato a los mensajes celestiales y eternos.

Que no tengamos que repetir nosotros los versos inmortales de Lope de Vega:

Cuántas veces mi ángel me decía:

"Alma, asómate ahora a la ventana,
Verás con cuánto amor llamar porfía".

Y cuántas, hermosura soberana,
"Mañana le abriremos", respondía.
Para lo mismo responder mañana.

Cuando deseemos que se cumpla en nosotros la bella frase de Jesús: "Vosotros sí conoceréis al Espíritu Santo, porque está con vosotros", dediquemos una parte de nuestro ruidoso y apresurado tiempo para esperar su llegada a nuestra alma: empleemos este tiempo en la oración, en el silencio y en la lectura de las Sagradas Escrituras y de un momento a otro oiremos los pasos del Espíritu que llega, o simplemente haremos el descubrimiento que hizo el poeta cuando exclamó:

"¿Qué tengo yo, que mi amistad procuras,
Qué interés se te sigue, Dueño mío,

Que a mi puerta, cubierto de rocío,
pasas las noches del invierno oscuras?

"Mira que estoy a la puerta y llamo. Si alguno oye mi voz y me abre la puerta, entraré en su casa y cenaré con él, y él conmigo (Apocalipsis 3,20).

EL BAUTISMO EN EL ESPÍRITU SANTO

Dentro de pocos días seréis bautizados con Espíritu Santo (Hechos 1,5).

Ya Jesús había dicho a Nicodemo: "Quien no naciera del agua y del Espíritu, no puede entrar en el Reino de Dios" (Juan 3). Y a San Juan Bautista le dijo la voz del cielo: "Sobre quien veas descender el Espíritu y que permanece en Él éste es el que bautiza en el Espíritu Santo" (S. Juan 1,33).

El bautismo en el Espíritu Santo no es un nuevo sacramento. Pero es *una presencia notoria y una acción manifiesta del Espíritu Santo en el alma.* Es una experiencia del poder espiritual que Él concede.

El bautismo en el Espíritu Santo *tiene unos efectos notables*: una maravillosa *paz interior, una alegría incontenible,* un amor espiritual a todos. Una paz que proviene del saber que

Cristo está vivo y que está presente en nuestras vidas con su poder. *Una caridad* grande porque sabemos que todos somos hermanos. Una *dimensión sobrenatural* porque nos convencemos de que somos eternos, y que por tanto no basta con el terrenismo y que hay el peligro de volvernos demasiado socializantes, buscando el paraíso aquí en la tierra, sin cuidarnos del paraíso eterno que es el único que satisface plenamente, y no se acaba.

El bautismo en el Espíritu Santo *brota espontáneamente de la oración* en grupo, del retirarse para oír a Dios. En los Hechos de los Apóstoles se narra que ellos lo recibieron después de haberse dedicado a rezar unánimes, o sea en una fraternidad absoluta.

Estaban orando apoyados por la oración de la Virgen María, a quien tanto estimaban todos. Este acontecimiento se repite en esta época de una manera extraordinaria. En estos tiempos como en una nueva primavera de la Iglesia, son muchas las personas que reciben el bautismo del Espíritu Santo. Basta asistir a un grupo serio de oración y se experimentará. Pero es necesario que los que se reúnen para orar lo hagan *"unánimes"*, *es decir*: fraternales, llenos de amor, de caridad, sin rencores, sin odios, sin injusticias, sin impurezas.

¿Qué hacer para recibir el bautismo en el Espíritu Santo? Reunirnos en pequeños grupos. Leer el Evangelio. Suplicar que venga a nosotros el Espíritu Santo. Procurar llevar una vida de armonía, pureza y paz con todos. Ver la vida con espíritu sobrenatural y no solo con ideas socializantes porque entonces nos volvemos materialistas, secularizados y se nos acaba la fe. No se obtiene *el bautismo con Espíritu Santo* sin más ni más. Es necesario mucha súplica, frecuentes lecturas bíblicas hechas con humildad y fe (especialmente leer los Hechos de los Apóstoles). Es costoso. Todo lo que vale cuesta. Pero después de que recibimos el Espíritu Santo veremos que hay dentro de nosotros mismos un poder inmenso, un amor que no imaginábamos, un dominio propio que estaba encadenado. Es necesario que oremos mucho, es necesario orar con llanto para borrar nuestros

muchos pecados, porque en nosotros hay un fuego maravilloso de poder y de amor verdadero que necesita salir a flor de vida.

Es necesario clamar "Ven Espíritu Santo".

Hace falta quitarnos el miedo de hablar de Dios. ¿En verdad alguna vez nos atrevemos a hablar a los demás de Jesucristo? Es necesario hacerlo si queremos que El nos envíe al Espíritu Santo (P. García Herreros).

Cristo es el que bautiza con Espíritu Santo. Es El quien llena nuestros corazones de amor y alabanza a Dios, y de amor y servicio a los demás.

Una evidencia muy vital de que sí se ha recibido el bautismo del Espíritu Santo es que *la persona comienza a glorificar a Dios* por medio de su vida y de sus labios. Debe haber una "lengua de alabanza".

Otra dramática señal de que sí se ha recibido este bautismo es el *cambio que se manifiesta en la conversación y en las actitudes.* Ya no se jacta uno de su antigua manera de vivir sino que habla de ella con dolor y vergüenza. Los que antes se enorgullecían de su conducta en el pecado ahora son dóciles a las leyes de la moral de la Iglesia, y están dispuestos a llevar una conducta disciplinada. Este cambio puede verse casi inmediatamente en los que reciben el Espíritu Santo. Antes del bautismo eran egocéntricos. Ahora lo que les interesa es la gloria de Dios y el bien de los demás.

Pero tal vez *el cambio más significativo es el extraordinario fervor* que se experimenta.

Personas que antes eran bastante apáticas ahora se vuelven dinámicas, no tienen miedo en anunciar el Evangelio, sienten un poder y un fervor que asombra a los demás.

El profundo anhelo de la persona que recibe el bautismo del Espíritu Santo es ser como Jesús. Tener un espíritu manso y humilde como El, y alcanzar la victoria sobre el pecado. Deja que el Espíritu Santo le demuestre lo malo que ha habido en su vida (por medio de examen de conciencia serio y humilde) y recuerda con temor que el Espíritu Santo no obstante ser tan paciente, puede ser contristado. Por eso trata de alejar toda falta voluntaria cumpliendo así el precepto del Apóstol. "No constristéis al Espíritu Santo" (Ef. 4,30).

Son indescriptibles la luz y el gozo que irradian del rostro de quien recibe el Divino Espíritu. La principal bendición de esta experiencia es una *"edificación gozosa"*. Un empleado de electrónica exclamaba: "lo que me admira de los que van a estas reuniones de oración es que parecen todos tan felices, tan radiantes". Y no se trata simplemente de un desborde emocional, es una nueva manera de vivir.

El Espíritu Santo no es *una curación mágica*. Volveremos a pecar. Pero habrá una gran diferencia entre una persona que lo ha recibido y la persona que nunca ha recibido el bautismo del Espíritu Santo. Se hundirá quizá terriblemente en el pecado todavía, (porque hacemos el mal que no queremos —como decía San Pablo) pero tiene una conciencia viva de que está contristando al Espíritu de Dios, y el Divino Espíritu lo perseguirá dondequiera que vaya, con sus llamamientos a la conversión. Será un eterno perseguido del cielo", y dirá como tantos que ya se convirtieron seriamente: "tuve que volver al buen camino porque no fui capaz de zafármele al Espíritu Santo que no dejaba de llamarme". El persigue al pecador solamente para liberarlo.

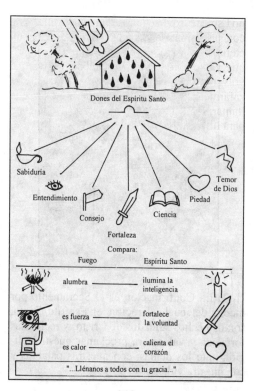

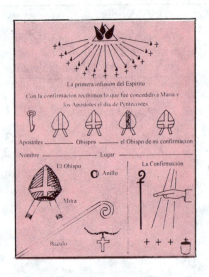

R: La Confirmación es el Sacramento por medio del cual, al recibir el Espíritu Santo, somos hechos soldados de Cristo, y recibimos fortaleza y valor para proclamar nuestra religión ante los demás, con nuestras palabras y con nuestra vida.

¿Qué son los frutos del Espíritu Santo?

R: Los frutos del Espíritu Santo son ciertos actos de virtud que acompañan a las personas que tienen verdadera devoción al Divino Espíritu y son doce: 1° Caridad, 2° Paz, 3° Generosidad, 4° Sabiduría, 5° Fe, 6° Dominio de sí mismo, 7° Alegría, 8° Paciencia, 9° Bondad, 10. Mansedumbre, 11. Humildad y 12. Castidad. *El Apóstol San Pablo dice* que estos frutos son los que regala el Espíritu Santo a las personas que se dejan guiar por El (Gálatas 5,22).

¿Cuáles son los tres favores que trae la Confirmación a quien la recibe?

R: La Confirmación trae tres grandes favores a quien la recibe. El primero y principal bien que le sucede al que es confirmado es que: recibe el Espíritu Santo, con todos sus dones y gracias. El segundo favor es: un gran valor para ser Testigo y buen cumplidor de la religión, aunque ello nos cueste molestias y sufrimientos, y el tercero la Confirmación nos da luces para ser profetas o testigos: o sea nos ilumina para poder defender nuestra religión contra los ataques de los que no la aceptan.

Ven, Espíritu Santo,
Llena los corazones de tus fieles
y enciende en ellos
el fuego de tu amor.
Envía, Señor, tu Espíritu.
Que renueve las faz de la tierra.

ORACION:

Oh Dios,
que llenaste los corazones de tus
fieles con la luz del Espíritu
Santo; concédenos que,
guiados por el mismo Espíritu,
sintamos con rectitud y
gocemos siempre de tu consuelo.
Por Jesucristo Nuestro Señor.
Amén.

Que en mi familia reine el Espíritu Santo, como en la Familia de Nazaret

TALLER SAN PABLO
SANTAFE DE BOGOTA, D.C.
IMPRESO EN COLOMBIA — PRINTED IN COLOMBIA